# DÉCOUVROI
# LES PAYS DU M⊔⊔⊔⊔
# PAR LES

# M O T S   C R O I S É S

par
Roger Rougier

**RETZ**

1, RUE DU DÉPART
75014 PARIS

CW01390616

# Sommaire

© Retz, 1998 pour la 1ʳᵉ édition
© Retz/VUEF, 2002 pour la présente édition

3

# Lis attentivement
# cette page

Combien de fois, en regardant des photos, en feuilletant des atlas au hasard des pages, nous sommes-nous imaginés au pays des Inuits ou partageant le tipi des Indiens ?

Peut-être aussi nous sommes-nous pris un instant pour le pilote de cet avion qui survole des déserts, des océans, des forêts immenses... ou pour le conducteur du train qui pénètre au centre des villes les plus grandes après avoir traversé les villages les plus petits, franchi ruisseaux et fleuves et avoir disparu sous les montagnes les plus hautes pour réapparaître de l'autre côté d'une frontière, dans un autre pays, où l'on parle une autre langue.

Et n'avons-nous jamais rêvé d'être à la place du spationaute et de voir la Terre « d'en haut » ?

Cet ouvrage te propose de découvrir les pays du monde, de voyager au fil des pages.

Tu trouveras :
● sur chaque page de gauche, des textes, des cartes, des articles, des schémas ou des dessins se rapportant à un pays, un continent, une mer ou une région. C'est sur ces documents que tu t'appuieras pour remplir la grille de mots proposée ;
● sur la page de droite, la grille de mots croisés et les définitions correspondantes.

Tu dois savoir que **tous** les mots des grilles sont contenus dans les pages de gauche.

À la fin de chaque chapitre, tu pourras évaluer tes connaissances en répondant aux jeux-tests et à la fin de l'ouvrage, tu trouveras tous les corrigés.

Maintenant, à toi de jouer ! Et bon voyage !

# La Terre dans l'espace

L'Univers, c'est tout ce qui existe, c'est l'espace immense qui entoure la Terre. Il contient des millions de galaxies que l'on peut observer jusqu'à 17 milliards d'années-lumière, ainsi que de la matière interstellaire, des poussières, des nuages de gaz et des particules.

Le système solaire, partie de l'Univers où nous nous trouvons, est constitué d'une étoile de taille moyenne : le Soleil, autour de laquelle tournent les 9 planètes principales, dont la Terre, des milliers d'astéroïdes et des comètes.

Saurais-tu dire quelle est la planète du système solaire autour de laquelle gravite la Lune, satellite naturel ? C'est la Terre !

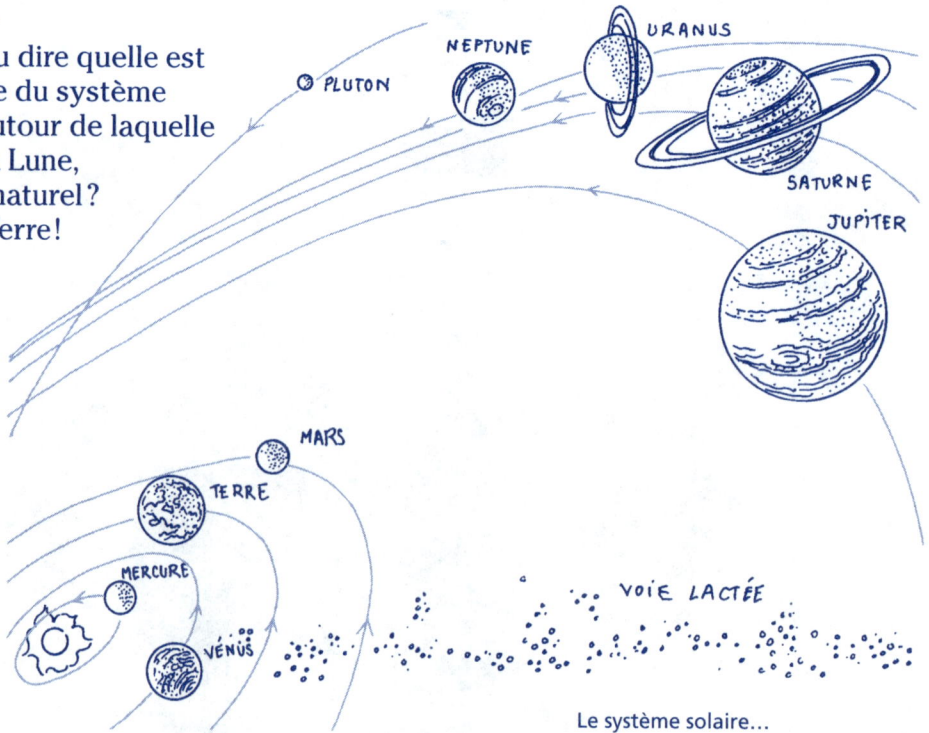

NEPTUNE · URANUS · PLUTON · SATURNE · JUPITER · MARS · TERRE · MERCURE · VÉNUS · VOIE LACTÉE

Le système solaire…

## Vocabulaire

**Galaxies :** ensembles constitués d'étoiles, de planètes, de poussières et de nuages de gaz. Le nom de la galaxie à laquelle appartient le système solaire est la Voie lactée.

**Année-Lumière :** distance parcourue par la lumière en 1 année, soit 1 A.-L. = dix mille milliards de km.

Place dans la grille, aux endroits signalés par le symbole 🌍, les noms des 9 planètes du système solaire.

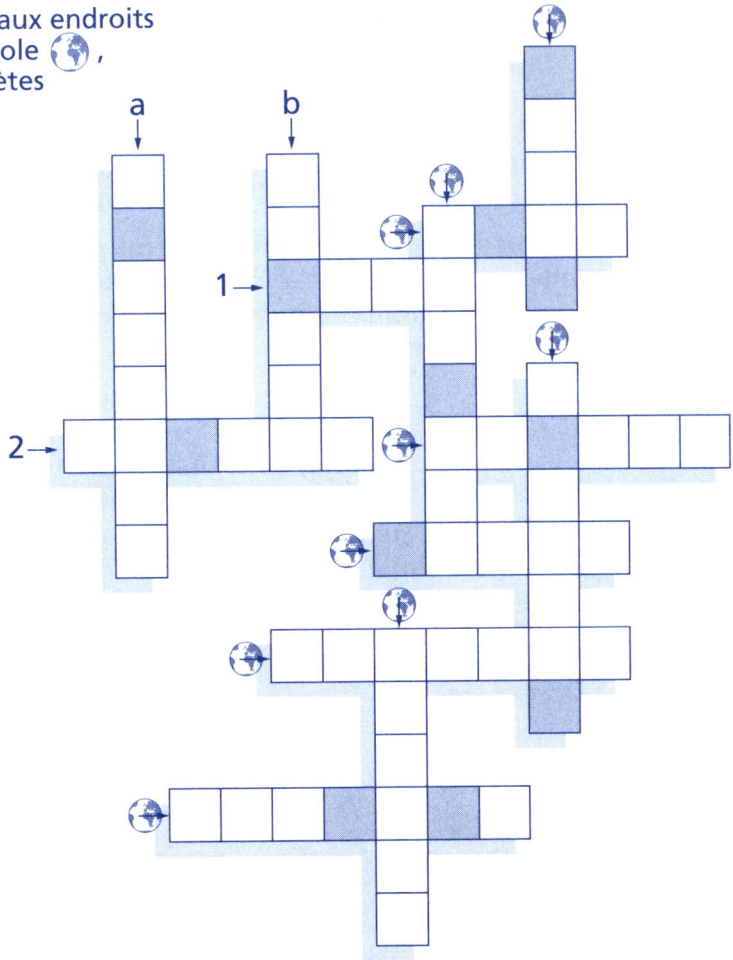

a

b

1→

2→

Complète la grille avec les 4 mots qui répondent aux définitions suivantes :

**Horizontalement :**
1. Elle est l'unique satellite de la Terre.
2. Le Soleil en est une.

**Verticalement :**
a. Elles tournent autour de leur étoile.
b. La Terre lui tourne autour.

Relève les lettres des cases grises et reconstitue le nom de notre galaxie :

_ _   _ _ _ _   _ _ _ _ _ _

# La Planète bleue

Tu as sûrement déjà vu une image satellite de la Terre… et remarqué que la couleur bleue domine!

L'eau recouvrant les trois quarts du globe, comme tu peux le constater sur le planisphère ci-dessous, on a donné à notre planète ce surnom de «Planète bleue».

La surface du globe, sur terre comme sous l'eau, est irrégulière. Le relief des continents (dit «continental») est constitué de trois grands types: la montagne, la plaine et le plateau; celui des fonds marins est constitué de dorsales volcaniques (montagnes sous-marines) et d'abysses (fosses marines très profondes).

Les 6 continents, les océans, les fosses marines et les plus hauts sommets du monde.

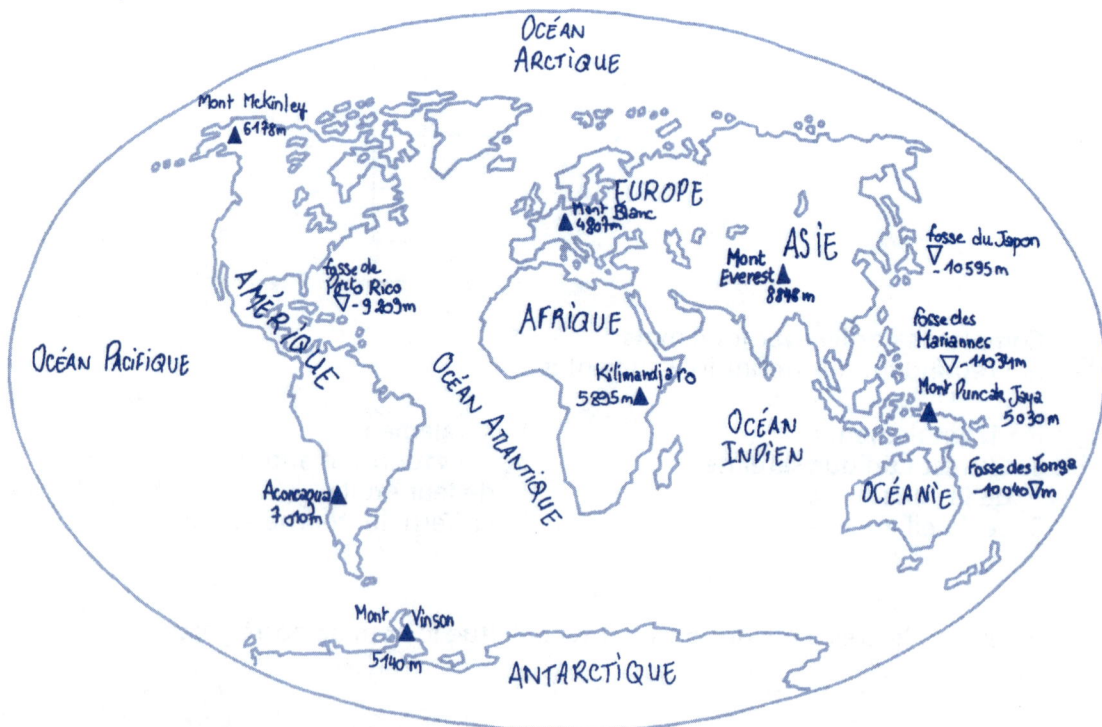

OCÉAN ARCTIQUE

Mont McKinley ▲ 6178m

Mont Blanc ▲ 4807m

EUROPE

ASIE

Mont Everest ▲ 8848 m

fosse du Japon ▽ -10595m

fosse de Porto Rico ▽ -9209m

AMÉRIQUE

AFRIQUE

fosse des Mariannes ▽ -11034m

Mont Puncak Jaya ▲ 5030 m

OCÉAN PACIFIQUE

OCÉAN ATLANTIQUE

Kilimandjaro 5895m ▲

OCÉAN INDIEN

Fosse des Tonga -10040 m

OCÉANIE

Aconcagua ▲ 7010m

Mont Vinson ▲ 5140 m

ANTARCTIQUE

Place, dans les cases repérées par :

➡️, les noms des 4 océans (n'oublie pas celui du pôle Nord) ;

▽, les noms des 4 fosses marines les plus profondes ;

a et 1, les mots qui correspondent aux définitions suivantes :

a. Fosses sous-marines très profondes.
1. Montagnes volcaniques sous-marines.

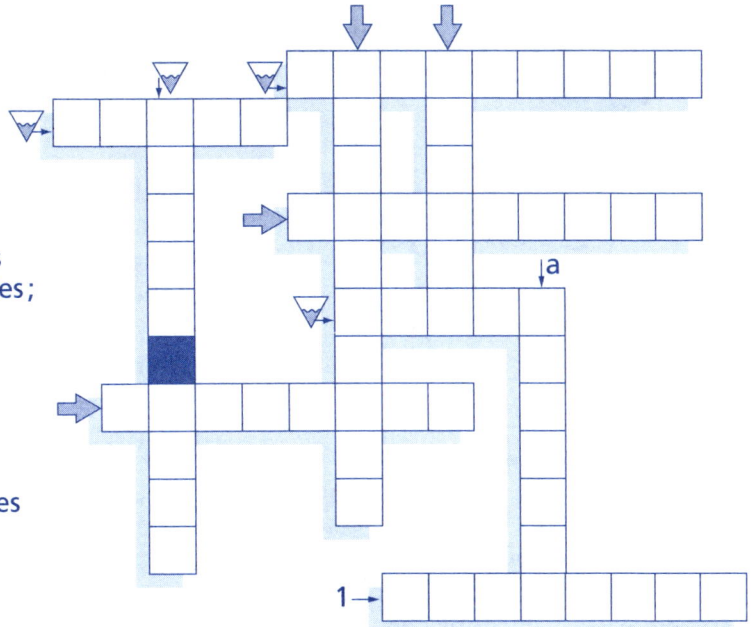

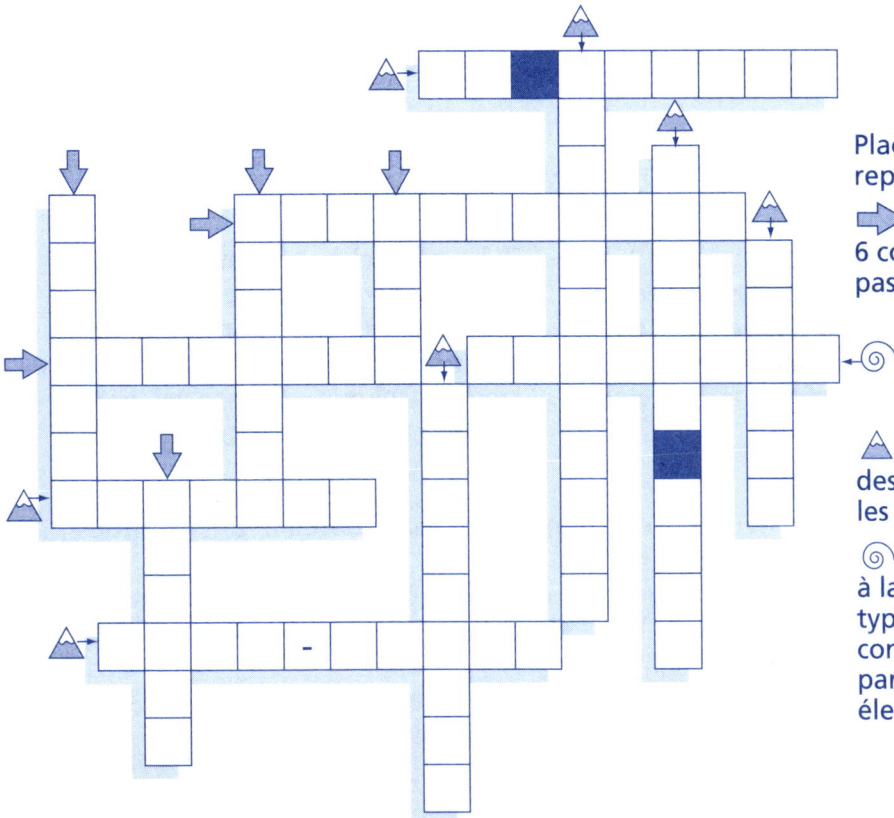

Place, dans les cases repérées par :

➡️, les noms des 6 continents (n'oublie pas le pôle Sud) ;

🔺, les noms des 7 sommets les plus élevés ;

🌀, le mot qui répond à la définition suivante : type de relief continental caractérisé par des altitudes élevées.

# *Quel temps...*

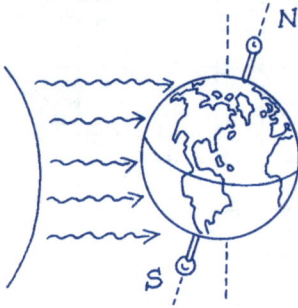

Inclinaison du globe par rapport au Soleil.

Le Soleil fournit de la lumière et de la chaleur à la Terre, indispensables à la vie. À cause de l'inclinaison de l'axe de rotation du globe (voir schéma), tous les pays de la Terre ne reçoivent pas la même quantité d'énergie solaire et ne connaissent donc pas les mêmes climats.

Les principales zones climatiques du monde.

1. Près des pôles, peu de chaleur est émise par les rayons solaires : ce sont les zones froides où le climat polaire se caractérise par un hiver très froid (– 40 °C) et long et un été court. En profondeur, le sol reste gelé en permanence : c'est le pergélisol ou permafrost.

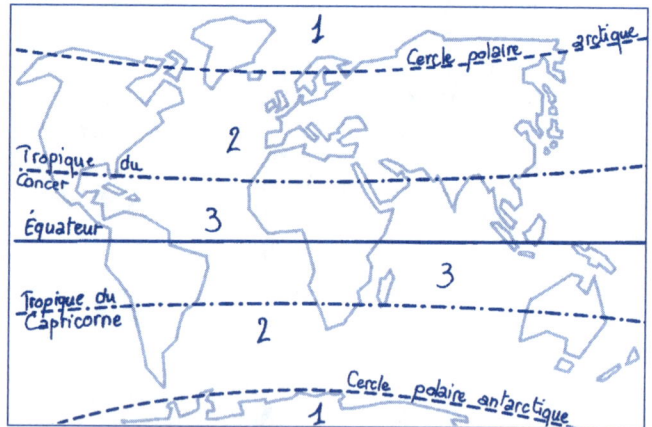

2. Entre les cercles polaires et les tropiques s'étendent les zones tempérées, les seules à connaître 4 saisons du fait des variations de température et des précipitations sur une année.

3. La zone chaude, entre les tropiques, reçoit une chaleur abondante. Le climat tropical a un hiver sec et un été humide, alors que le climat équatorial est chaud et humide toute l'année.

La France se trouve en zone tempérée, mais connaît une grande diversité de climats :
- le climat océanique à l'ouest avec des hivers doux et des étés frais ;
- le climat continental, à l'est, avec des étés plus chauds et des hivers plus froids ;
- le climat méditerranéen dans le sud-est, avec des étés chauds et secs, des hivers doux mais des pluies souvent violentes.

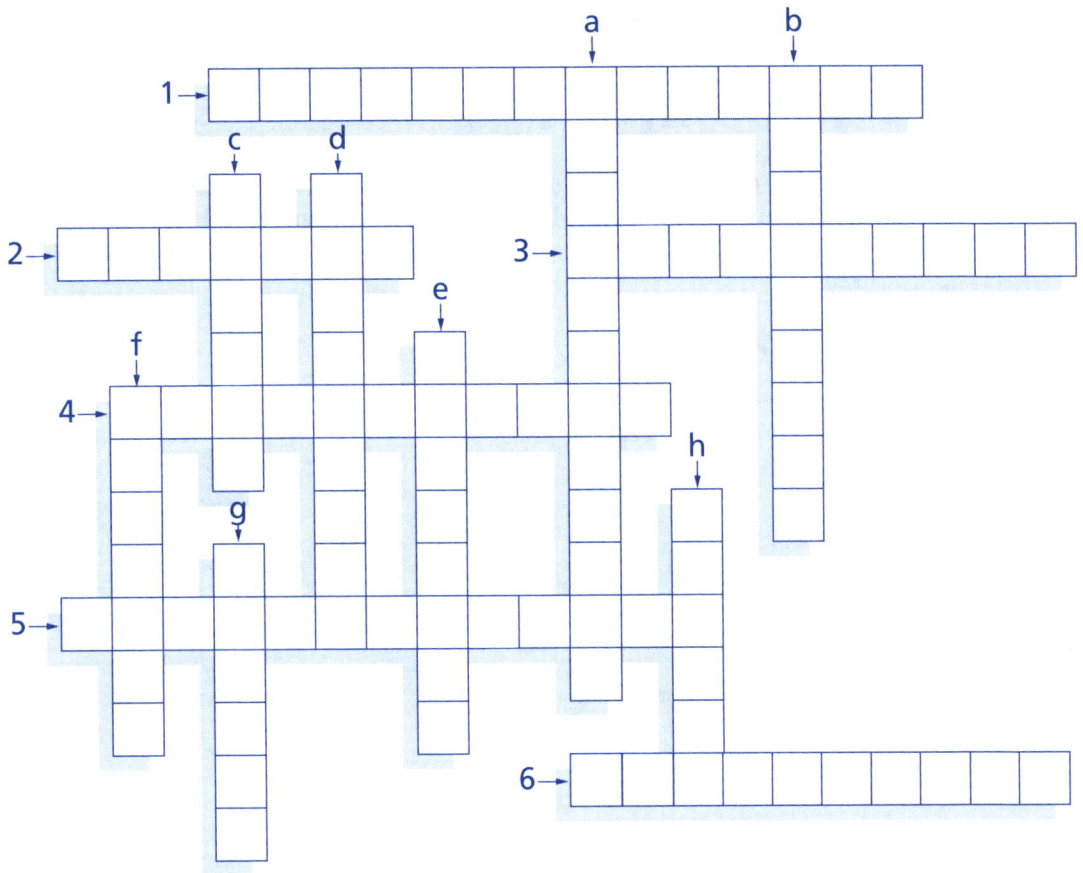

**Horizontalement :**
1. Nom général désignant la pluie, la neige et la grêle.
2. Climat des zones froides où l'hiver dure très longtemps et est très froid.
3. Nom donné au sol gelé en permanence dans les zones polaires.
4. Le climat de l'est de la France.
5. Le climat du sud-est de la France, aux étés chauds et secs.
6. Autre nom donné au sol gelé en permanence dans les zones polaires.

**Verticalement :**
a. Elles sont données en degré Celsius.
b. Le climat de l'ouest de la France.
c. Le Soleil les envoie sur la Terre.
d. Variante de la zone chaude qui connaît deux saisons.
e. La France est dans cette zone climatique.
f. Elle est indispensable à la vie.
g. Ils sont doux au bord de l'Océan.
h. Nom du tropique situé dans l'hémisphère Nord.

# Ne bougeons plus, je compte !

En 1927, 2 milliards d'êtres humains; en 1998, 6 milliards : c'est un chiffre impressionnant! D'autant plus que l'on prévoit 10 milliards d'individus en 2050. Mais bien que la population continue d'augmenter, on note une baisse de la fécondité.

Les plus grandes agglomérations et la population du monde (en millions).

La population est très inégalement répartie dans le monde. Cela dépend de facteurs géographiques et économiques.

Population de :
30 millions à 9 millions de citadins

L'emplacement des continents détermine des reliefs et des climats particuliers. Près de 9 hommes sur 10 vivent dans l'hémisphère Nord et 6 sur 10 sont en Asie.

La proximité des mers et des cours d'eau facilite la vie. Les hommes ont construit des villes dans des espaces où ils pouvaient circuler, donc près des côtes ou dans des plaines où coulent des fleuves et des rivières.

Un peu plus de la moitié de la population mondiale vit dans les campagnes. Mais, de plus en plus, les hommes viennent habiter en ville. Certaines agglomérations se développent et s'étendent tellement qu'elles rejoignent d'autres villes et forment alors des mégalopoles.

## Vocabulaire

**Fécondité :** nombre d'enfants par couple, par famille.
**Hémisphère :** une des moitiés du globe terrestre séparées par l'équateur.
**Démographie :** étude quantitative de la population pour un moment donné.

12

**Horizontalement :**
1. Importante agglomération au sud-est de l'Asie (en Indonésie).
2. Hémisphère le plus peuplé.
3. Nombre de naissances par couple.
4. Synonyme de ville.
5. De plus en plus d'hommes en partent pour aller en ville.
6. Mégalopole d'Amérique centrale.
7. Moitié du globe par rapport à l'équateur.

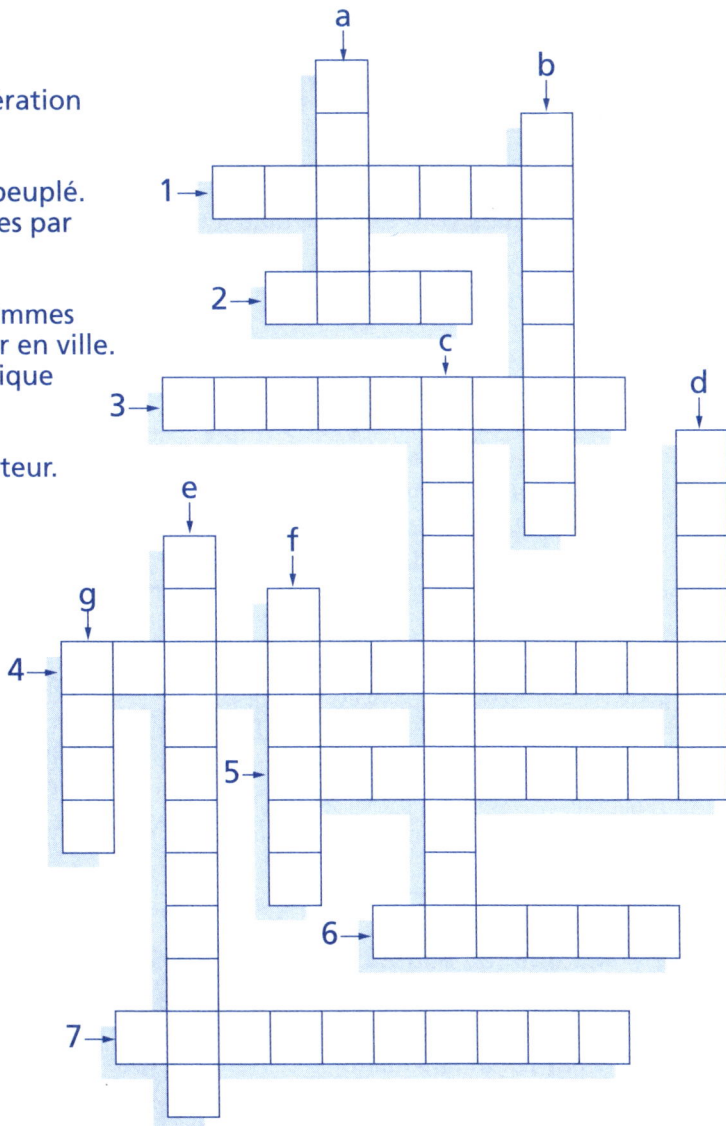

**Verticalement :**
a. La plus importante mégalopole d'Asie.
b. Grande agglomération au nord-est de l'Inde.
c. Étude quantitative de la population pour un moment donné.
d. Vastes étendues assez plates où l'homme a pu s'établir quand il y avait un cours d'eau.
e. Agglomérations très importantes qui regroupent plusieurs villes.
f. Importante agglomération russe.
g. Continent le plus peuplé.

13

# Villes à tous prix !

Chaque année, une étude est faite sur le coût de la vie dans les villes du monde. Les villes sont ensuite classées… de la plus chère à la moins chère.

Il s'agit d'une étude réalisée par une société internationale qui se base sur les prix des logements, des transports, de l'électricité, de l'eau…

Selon le classement, les villes d'Asie sont les plus chères du monde. Elles occupent… dix des douze premières places ! La ville la plus chère est Tokyo (au Japon), suivie de Hong Kong (au sud de la Chine). Moscou (en Russie, à l'est de l'Europe) arrive à la troisième place.

Les villes européennes et nord-américaines sont meilleur marché. En Suisse, Genève et Zurich sont classées 22e et 23e. Paris est à la 29e place.

Sur le continent asiatique, Madras (au sud-est de l'Inde) est certainement la ville la moins chère, car l'Inde est hélas très pauvre.

L'Afrique est le continent le plus pauvre. Les villes d'Afrique du Nord (Afrique blanche) sont plus riches, donc plus chères, que les villes d'Afrique noire (au sud du Sahara), comme Lagos (au Nigeria), Nairobi (au Kenya) ou Bamako (au Mali).

D'après le *Journal des Enfants* du 15 août 1997, n°659.

Remplis la grille.

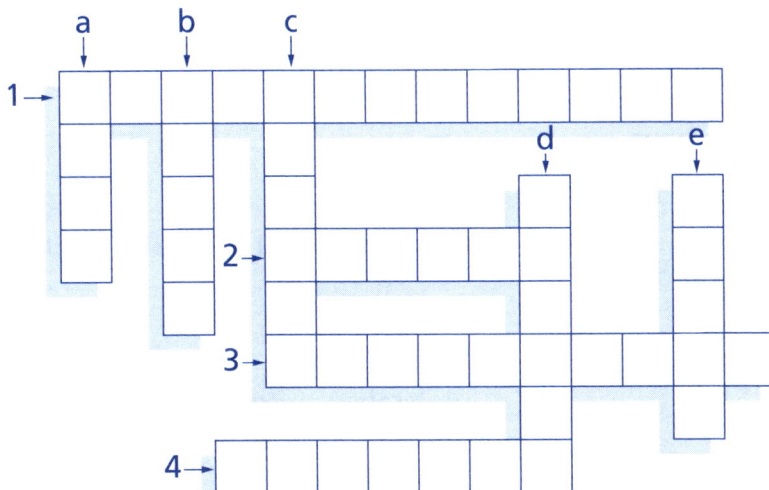

**Horizontalement :**
1. Adjectif masculin : qui concerne tous les pays du monde.
2. Genève est située dans ce pays voisin de la France.
3. Adjectif féminin : caractère de ce qui se trouve en Europe.
4. Continent le plus pauvre.

**Verticalement :**
a. Pays pauvre d'Asie.
b. La ville la plus chère du monde.
c. Moscou en est la capitale.
d. Ville de Suisse classée 22$^e$.
e. Hong Kong se trouve au sud de ce pays.

# Tous Terriens !

Longtemps isolés à cause de moyens de transports rares et limités, les peuples ont développé leurs propres langues et coutumes, leur propre gastronomie et ont adapté des maisons à leur climat.

Dans le monde, il existe des milliers de langues pour se parler. L'écriture diffère selon chaque langue : de gauche à droite, de droite à gauche ou de haut en bas !

*bonjour* →

en russe : **Добрый день** →

en arabe : سلام عليكم ←

en hindi (Inde) : नमस्कार →

en chinois : 您好 →

Chaque langue a son alphabet : c'est la liste des lettres ou des signes qui servent à transcrire les sons. Il existe aussi un alphabet phonétique universel qui permet de savoir comment se prononce tous les mots.

Certaines langues, comme le chinois, s'écrivent avec des idéogrammes. Ce sont des signes qui représentent le sens des mots et non les sons.

En 1887, Zamenhof a créé une langue internationale : l'espéranto, afin que tous les hommes de la Terre puissent se comprendre.
Hélas, cette langue n'est pas parlée.

Pour remplir cette grille, choisis, pour chaque proposition du mot « bonjour », la bonne ville.

On dit « *bonjour* » à : Varsovie, Alger, Bordeaux.

On dit « Добрый день » à : Nagasaki, Moscou, Yining, Dakar.

On dit « سـلام عـليـكـم » à : Alès, Oran, Arad, Rome.

On dit « 您好 » à : Paris, Melun, Pékin, Moscou, Tokyo.

On dit « नमस्कार » à : Calcutta, Kharkov, Odense, Oslo, Athènes.

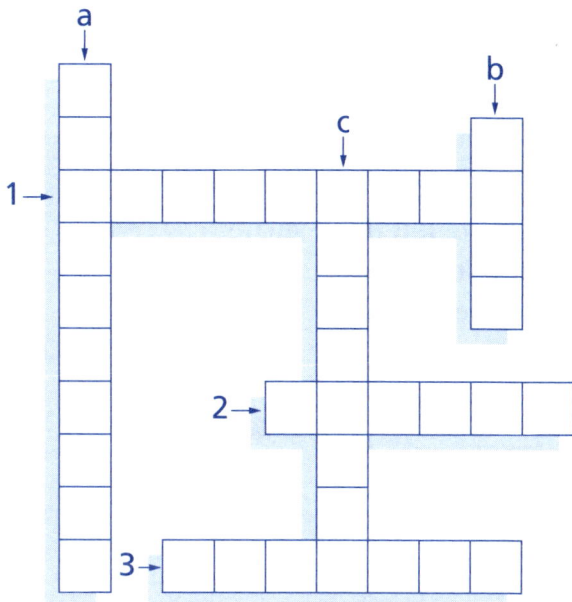

a  b  c

1 →

2 →

3 →

**Horizontalement :**
1. Langue internationale créée par Zamenhof.
2. On se comprend si on parle la même.
3. Toutes ensemble, elles forment l'alphabet.

**Verticalement :**
a. Il représente le sens, pas le son.
b. Chaque lettre peut en transcrire plusieurs.
c. Ensemble de lettres ou de signes qui servent à écrire.

# J E U X - T E S T S

▶ **Dans chacune de ces banderoles de lettres se cachent un nom de planète et un nom de continent. Entoure-les.**

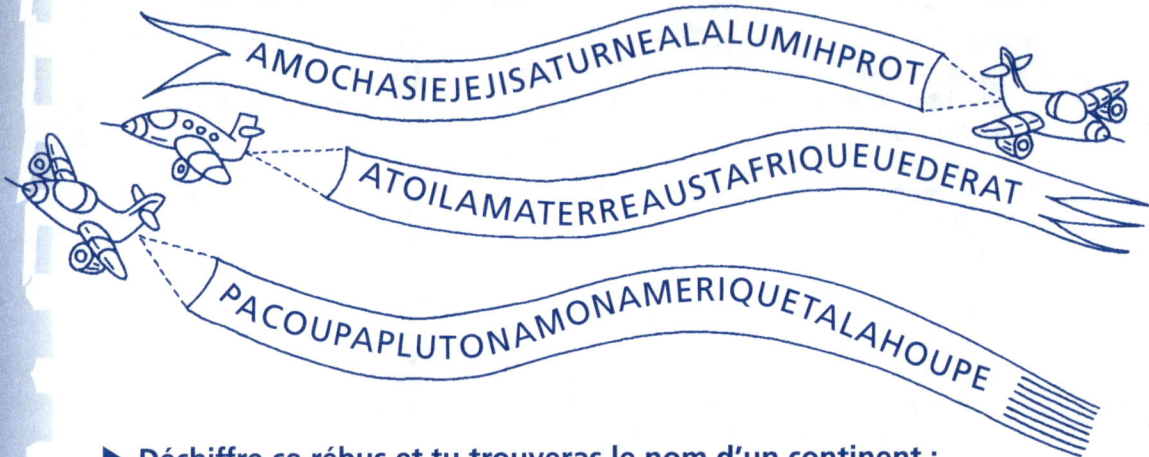

AMOCHASIEJEJISATURNEALALUMIHPROT

ATOILAMATERREAUSTAFRIQUEUEDERAT

PACOUPAPLUTONAMONAMERIQUETALAHOUPE

▶ **Déchiffre ce rébus et tu trouveras le nom d'un continent :**

Réponse : ................................................................

▶ **Charade.**
Mon premier est le résultat d'un fruit pressé.
De mon deuxième sort le lait de la vache.
Mon troisième se laboure.
Mon tout est une grosse planète.

C'est : _ _ _ _ _ _ _

▶ **Dans chaque cadre, les lettres de deux noms de planètes ont été mélangées. Lesquelles ?**

| M | J | U | T |
|---|---|---|---|
| P | A | R | I |
| E | R | S |  |

| N | V | T | E |
|---|---|---|---|
| E | U | N | N |
| P | E | U | S |

_ _ _ _ _ _ et _ _ _ _        _ _ _ _ _ et _ _ _ _ _ _

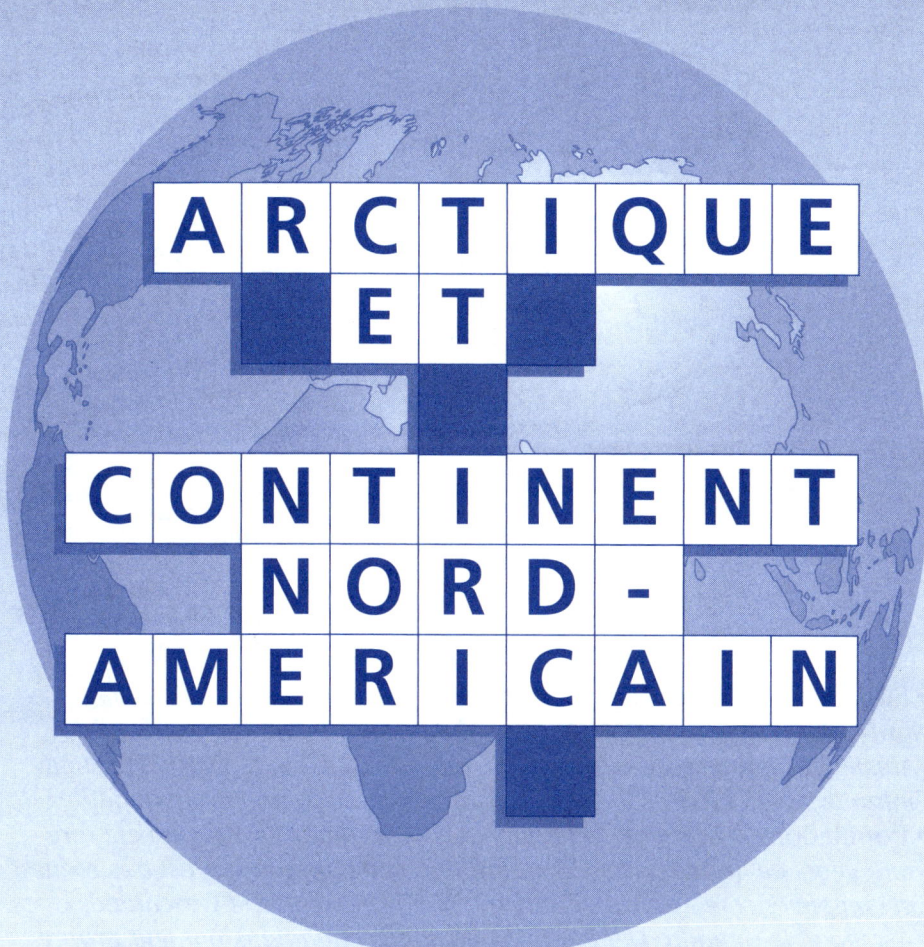

# ARCTIQUE ET CONTINENT NORD-AMERICAIN

# L'Arctique

Océan glacial arctique
Sibérie
Alaska
Scandinavie
Islande
Canada
Groenland
Océan
Pacifique
Océan
Atlantique

## Mode de vie

Autrefois, les Esquimaux vivaient de chasse et de pêche. Durant l'hiver, plusieurs familles se réunissaient en communauté et habitaient dans des igloos construits avec des blocs de glace. Au printemps, elles partaient dans d'autres régions et vivaient alors sous des tentes en peaux de phoque ou de renne.

Aujourd'hui, les Esquimaux vivent dans des maisons modernes en bois, mais certains chassent encore le phoque et le caribou. Ils préfèrent être appelés par leur vrai nom : les Inuits.

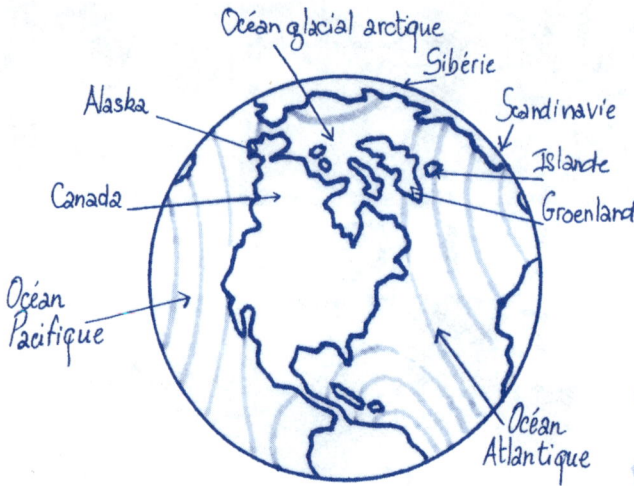

## Carte d'identité

- Situation géographique : *dite «pôle Nord», vaste région englobant le nord de l'Amérique (Alaska et Canada), de l'Europe (Scandinavie : Islande, Norvège, Suède, Finlande) et de l'Asie (Sibérie), le Groenland et de nombreuses petites îles.*
- Population : *à l'origine, les Inuits, dits «Esquimaux», ce qui veut dire «mangeurs de viande crue». Aujourd'hui, cette population est très métissée. On compte encore environ 80 000 Inuits répartis entre le Groenland, l'Alaska et le Canada. Depuis 1999, les Inuits canadiens ont leur propre territoire, le Nunavut.*
- Climat : *polaire. La présence de l'océan glacial Arctique adoucit le climat mais la température n'excédant jamais 0 °C, les précipitations sont faibles.*
- Particularités : *l'Arctique n'est pas un continent comme le pôle Sud mais un océan couvert de glaces (et la banquise fait jusqu'à 30 m d'épaisseur). L'année, dans cette région, ainsi qu'au pôle Sud, se divise en une longue journée et une longue nuit de six mois chacune à cause de l'inclinaison de la Terre par rapport au Soleil.*

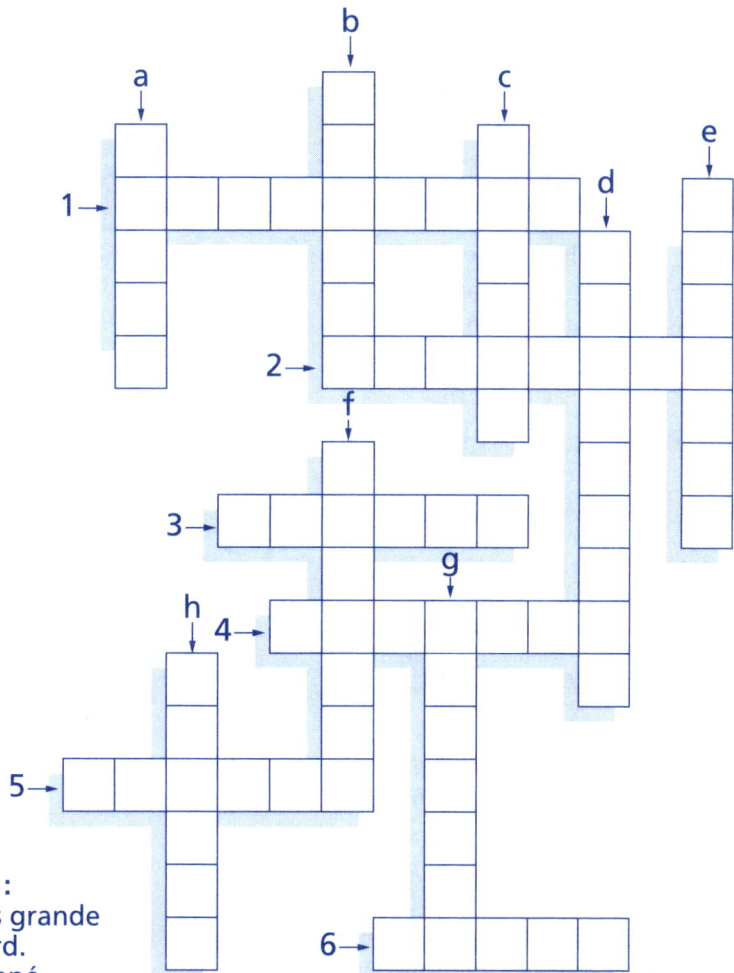

**Horizontalement :**

1. Nom de la plus grande
   île du pôle Nord.
2. Autre nom donné
   au pôle Nord.
3. Animal à fourrure
   vivant dans les mers froides.
4. Animal qui ressemble au renne,
   chassé par les Inuits.
5. Activité de tuer des animaux
   pour se nourrir.
6. Activité de tuer des poissons
   pour se nourrir.

**Verticalement :**

a. Abri fait avec des blocs de glace.
b. Nom du pays appartenant au
   continent nord-américain qui est
   englobé dans l'Arctique.
c. Autre nom donné aux Esquimaux.
d. Nom signifiant « mangeurs de
   viande crue ».
e. Nom de la région asiatique
   comprise dans le pôle Nord.
f. Nom du type du climat
   de cette région du globe.
g. Nom de l'île européenne proche
   du Groenland.
h. Nom d'un État des États-Unis
   compris dans le pôle Nord.

# Le Groenland

Le Groenland est la plus grande île de l'Arctique, située au nord-est de l'Amérique du nord. Elle est recouverte de glaciers et le sol y est toujours gelé. Certaines parties de la banquise : le pack, se détachent et dérivent.

Cette île fut découverte par un Viking : Érik le Rouge, vers l'an 1000.

OCÉAN GLACIAL ARCTIQUE

Mer du Groenland

GROENLAND

détroit de Davis

AMÉRIQUE DU NORD

détroit du Danemark

ISLANDE

Gothaab

Mer du Labrador

- - - Limite maximum du pack (banquise dérivante)

## Carte d'identité

• Origine du nom : *vient de l'anglais Greenland, signifiant « terre verte » à cause des mousses et lichens qui poussent aux rares endroits non couverts de glace.*
• Capitale : *Godthaab, qui signifie « bonne espérance » en danois.*
• Langues parlées : *danois (langue officielle), eskimo et anglais.*
• Population : *environ 55 500 habitants (Inuits et Danois).*
• Superficie : *environ 4 fois la France.*
• Climat : *polaire.*
• Principales activités économiques : *pêche (morues, saumons, crevettes…), chasse, élevage, exploitation de gisements pétroliers et miniers.*
• Particularité : *territoire autonome depuis 1978, mais qui dépend du Danemark pour sa défense.*

## Carnet de voyage

Lors d'un mariage au Groenland, la mariée est vêtue du costume traditionnel : un chandail tissé à la main et des bottes décorées sur des pantalons épais. Elle tient à la main un bouquet de fleurs en plastique, car il fait trop froid pour de vraies fleurs.

De nos jours, de nombreux Esquimaux travaillent dans les industries pétrolières et minières qui se sont développées dans la région du pôle Nord.

Ils utilisent, pour la chasse, des fusils plutôt que des harpons, des arcs ou des foënes.

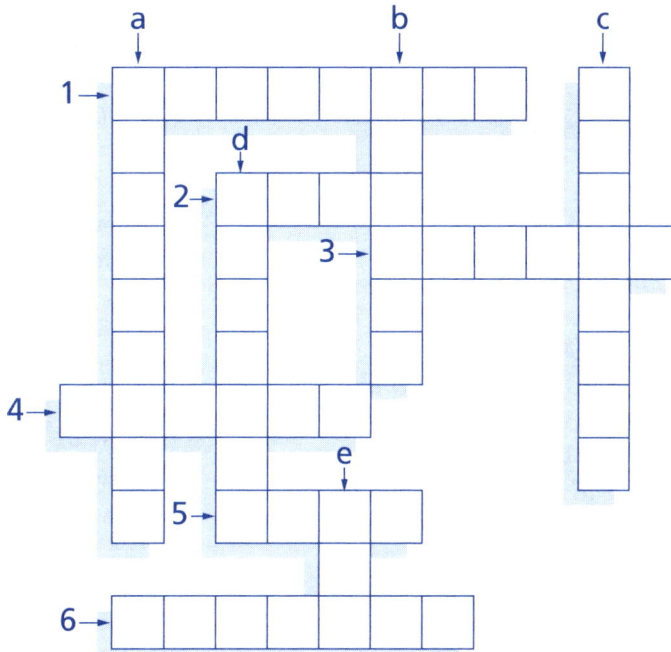

**Horizontalement :**
1. Ils recouvrent presque entièrement le Groenland.
2. Nom donné à la banquise dérivante.
3. Le vrai nom des Esquimaux.
4. Langue officielle.
5. Prénom de celui qui découvrit cette île vers l'an 1000.
6. Ils poussent au Groenland.

*Le drapeau du Groenland*
Colorie en rouge les parties marquées d'un point et tu sauras à quoi il ressemble.

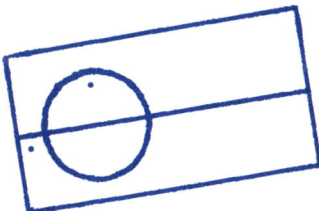

**Verticalement :**
a. La plus grande île de l'Arctique.
b. Langue parlée par les Inuits.
c. Capitale du Groenland.
d. Combustible extrait de certaines industries implantées au Groenland.
e. Terre entourée de mers.

# L'Alaska

## Carte d'identité

• **Origine du nom :** *Alaska vient d'un mot esquimau signifiant « continent ».*
• **Capitale :** *Juneau.*
• **Langue officielle :** *américain.*
• **Population :** *550 000 habitants.*
• **Superficie :** *environ 3 fois la France.*
• **Climat :** *polaire.*
• **Température minimum :** *– 57 °C.*
• **Particularité :** *49ᵉ État des États-Unis sur 50. Cet État, très vaste, est moins peuplé que les déserts d'Afrique.*

Anchorage, la plus grande ville de l'Alaska, est plus peuplée que la capitale.

Le fleuve Yukon traverse entièrement l'Alaska, d'ouest en est. L'Alaska est séparé de la Russie par le détroit de Béring, large de 70 km seulement.

L'avion est le mode de transport le plus répandu dans cet État américain où les distances sont très grandes. Presque toutes les localités possèdent leur aérodrome.

La devise de l'Alaska : l'avenir est au Nord !

## NOS AMIS LES BÊTES

L'Alaska possède la plus forte population de loups, d'hermines, de castors et de visons. Sur la bande côtière, découpée par de nombreux fjords (golfes s'enfonçant profondément dans les terres montagneuses à l'embouchure d'un fleuve), s'ébattent des colonies de phoques et de morses.

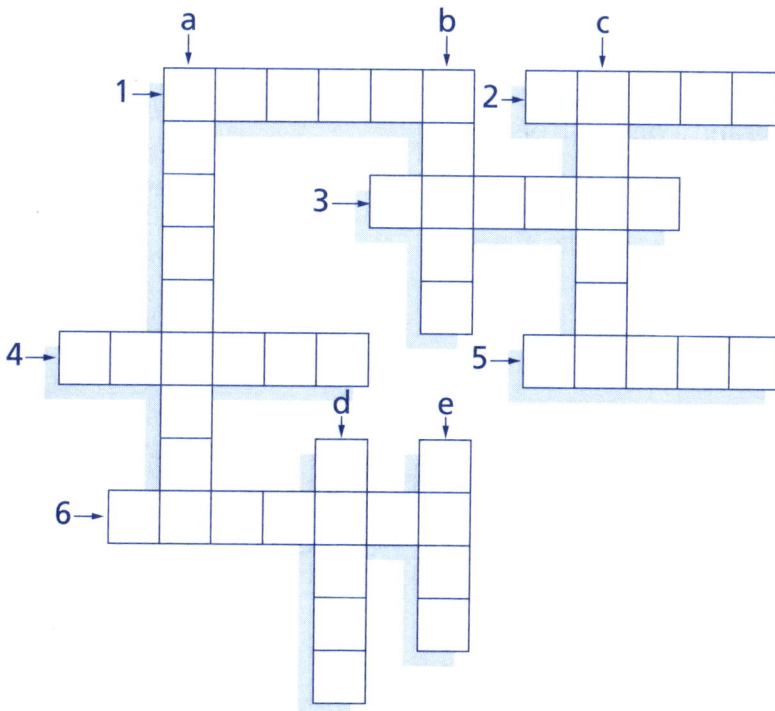

**Horizontalement :**
1. Nom du 49e État des États-Unis.
2. Golfe qui s'enfonce dans les terres montagneuses à l'embouchure d'un fleuve.
3. Animaux chassés pour leur fourrure.
4. Nom du détroit entre la Russie et l'Amérique.
5. Le grand fleuve de l'Alaska.
6. Passage entre deux terres qui fait communiquer deux mers entre elles.

**Verticalement :**
a. La plus grande ville d'Alaska.
b. Mode de transport le plus répandu.
c. Capitale de l'Alaska.
d. Animal qui vit en colonie.
e. Un pays, une nation.

25

# Le Québec

Le Québec est une des dix provinces du Canada. Il occupe un territoire grand comme trois fois la France.

Le Québec possède d'immenses espaces de forêts et de taïgas, couverts de neige plus de six mois par an.

## Carte d'identité

- Capitale : *Québec, mais Montréal est la plus grande ville.*
- Nationalité : *canadienne.*
- Langue officielle : *français.*
- Superficie : *1 668 000 km².*
- Population : *7 millions d'habitants (dont des Indiens).*
- Capitale du Canada : *Ottawa.*

## Un peu d'histoire

C'est le navigateur Jacques Cartier qui débarqua au Québec sur les ordres du roi François Ier en 1534.

ALASKA

GROENLAND

Baie d'Hudson

CANADA

QUÉBEC

Québec

Montréal

OTTAWA

Saint-Laurent

ÉTATS-UNIS

Voici le drapeau du Québec à colorier : croix blanche et 4 fleurs de lys blanches, qui représentent le roi François Ier, sur fond bleu.

## Vocabulaire

**Taïga :** forêt de bouleaux et de conifères. On en trouve aussi en Russie.

**Verticalement :**
a. Pays 3 fois plus petit que le Québec.
b. Fleuve canadien.
c. Les espaces de forêts et de taïgas le sont.
d. Le Canada en compte 10, dont le Québec.
e. Capitale du Québec.
f. On en voit 4 sur le drapeau du Québec.

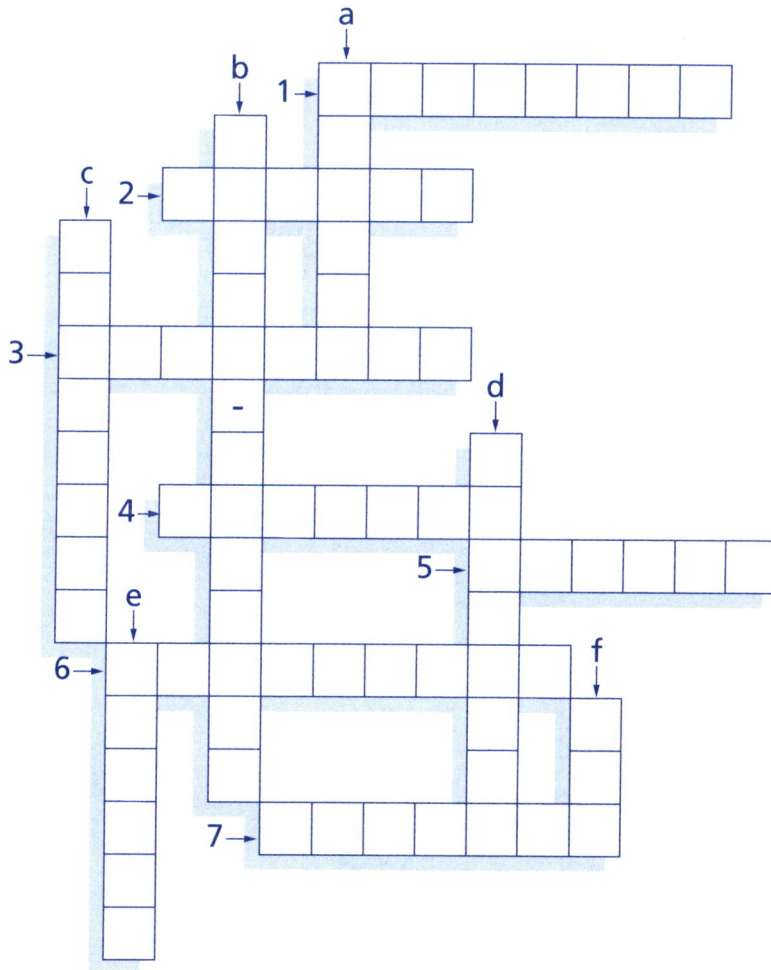

**Horizontalement :**
1. Le roi qui envoya Cartier sur le Nouveau Continent.
2. Pays d'Amérique du Nord.
3. La plus grande ville du Québec.
4. Il débarqua au Canada.
5. Capitale du Canada.
6. Habitant du Québec.
7. Ils vivaient sous des tipis.

# Les Grands Lacs
# d'Amérique

De nombreuses tribus indiennes :
les Hurons, les Ottawas, les Iroquois et les Potowatomis,
vivaient dans la région des Grands Lacs.

Ces lacs, grands comme la moitié de la France,
leur procuraient nourriture et douceur du climat.

Ils forment une frontière naturelle
entre le Canada et les États-Unis.

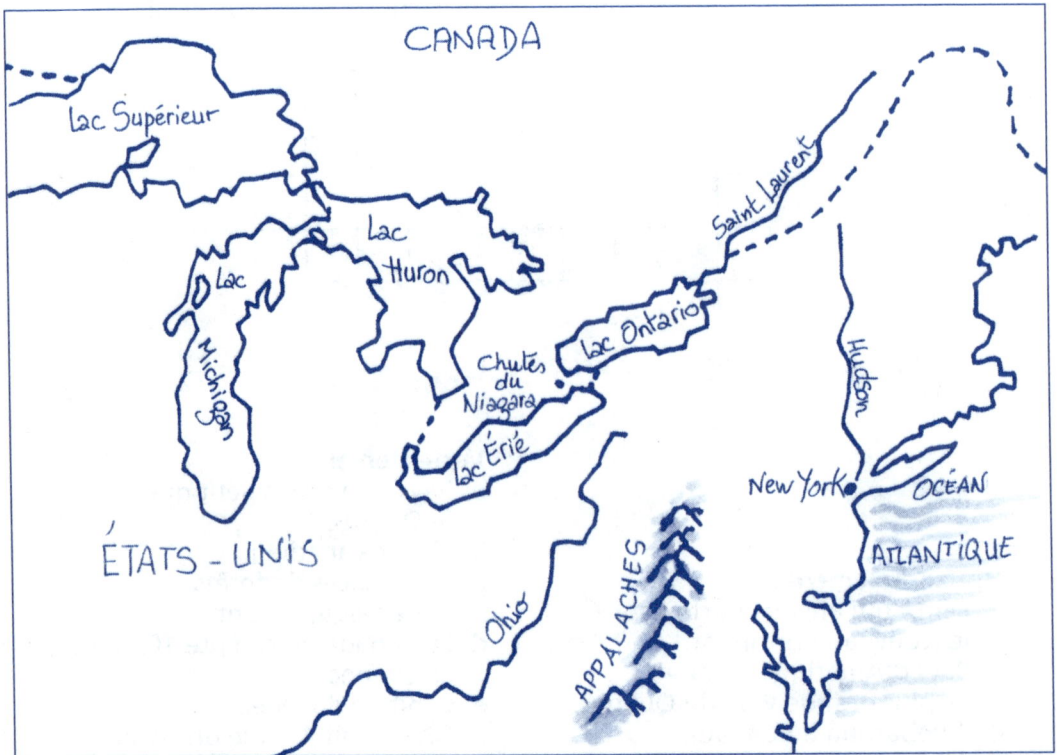

Place, dans les cases repérées par :

- ⟫⟶ , le nom de tribus indiennes vivant autrefois près des Grands Lacs ;

- ≋ , le nom des 5 Grands Lacs ;

- ▼ , le nom des 2 pays frontaliers des Grands Lacs ;

- ⟨ , le nom de la célèbre chute d'eau située entre les lacs Ontario et Érié.

# Les États-Unis d'Amérique

Les États-Unis d'Amérique (E.-U.) occupent un immense territoire. Ainsi, quand il est 1 heure à la montre d'un habitant de San Francisco au bord de l'océan Pacifique, il est 4 heures à celle d'un Américain de Washington (côte Atlantique).

La répartition de la population est très inégale : 4 Américains sur 5 vivent dans de grandes villes.

## Carte d'identité

- Capitale : *Washington.*
- Population : *268 millions d'habitants.*
- Superficie : *17 fois la France (9 millions de km²).*
- Principales activités économiques : *1re puissance économique du monde. Importantes ressources naturelles (charbon, pétrole…).*

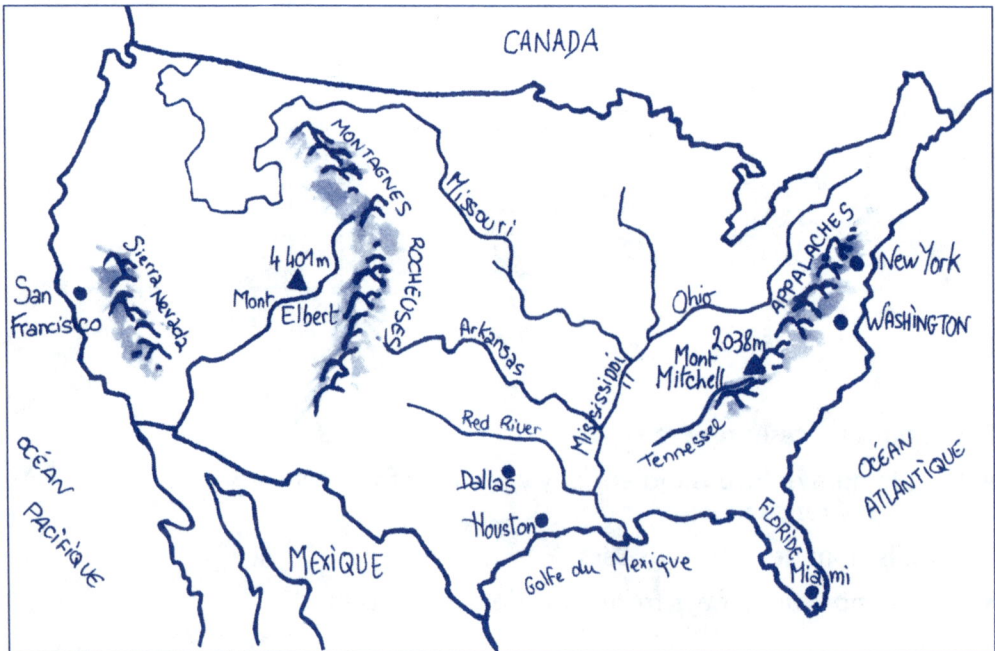

Remarque : la côte Ouest (Pacifique) est dominée par de hautes chaînes montagneuses alors que la côte Est (Atlantique) est bordée de montagnes moyennes. Le centre est occupé par de grandes plaines où coulent de gigantesques fleuves et où l'on cultive le blé, le maïs, la canne à sucre…

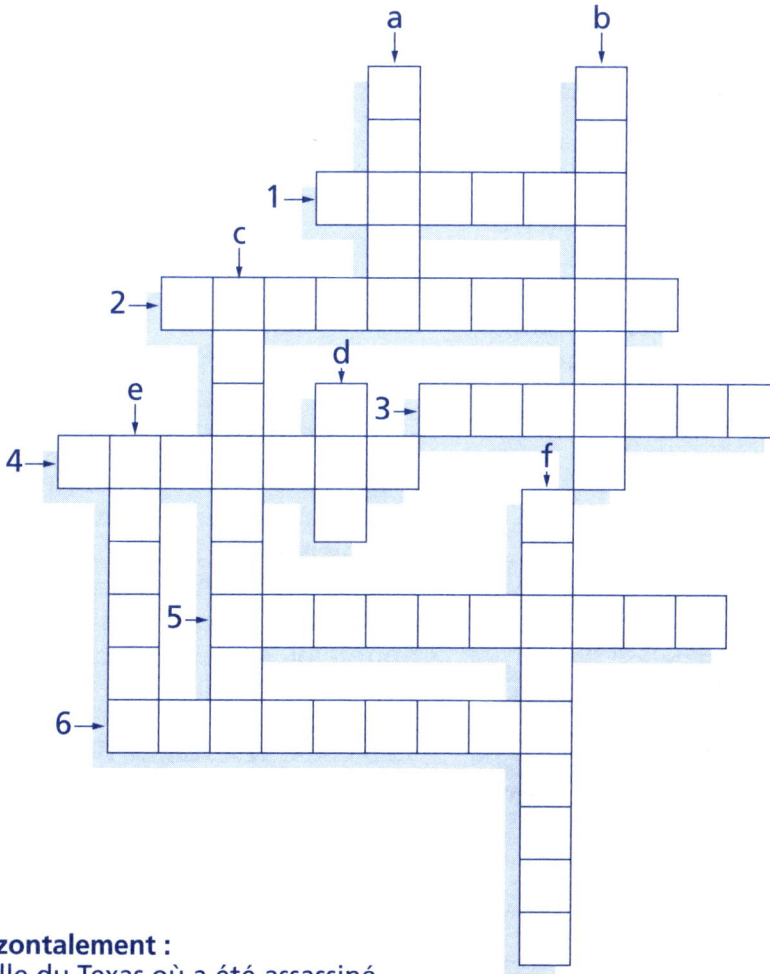

**Horizontalement :**
1. Ville du Texas où a été assassiné le président John Kennedy.
2. La capitale du pays.
3. À Miami, tu serais dans cet État.
4. On creuse des puits pour le faire jaillir.
5. Montagnes situées à l'est du pays.
6. Ses eaux viennent des Appalaches.

**Verticalement :**
a. Ville de Floride.
b. Affluent du Mississippi.
c. Habitant d'Amérique.
d. On le cultive dans les grandes plaines.
e. Il culmine à 4 401 mètres dans les Rocheuses.
f. Les grandes montagnes de l'Ouest.

# En survolant les États-Unis

## LES BATEAUX À VAPEUR !

Au XIX$^e$ siècle, ces bateaux à roues étaient le moyen le plus rapide pour remonter le Mississippi et le Missouri. Ils ne sont plus aujourd'hui qu'une attraction pour les touristes.

## LA FLORE

Des séquoias géants poussent dans les montagnes du centre de la Californie (sur la côte Ouest). Certains dépassent 90 mètres de haut.

## OBJECTIF : LA LUNE

Le 21 juillet 1969, les Américains Neil Armstrong et Buzz Aldrin furent les premiers hommes à marcher sur la Lune.

## LE ROYAUME DES DESSINS ANIMÉS

À Orlando, en Floride, des millions de personnes visitent chaque année Disney World où ils assistent à la parade des vedettes de Walt Disney (Donald Duck, Mickey, Pluto…).

## WASHINGTON

Inaugurée comme capitale en 1800, Washington compte de nombreux monuments et bâtiments officiels, dont la Maison-Blanche, résidence du président des États-Unis, et le Capitole où se tient le Congrès.

## LES GRATTE-CIEL ET BUILDINGS

À New York, dans le quartier de Manhattan, un immeuble, l'Empire state Building mesure exactement 448,66 m de haut.
Il est plus haut que la tour Eiffel. Il se termine par une flèche qui avait été prévue pour arrimer les dirigeables. On peut compter 120 étages et des dizaines d'ascenseurs.
L'idée de construire en hauteur est venue de la hausse des prix des terrains à bâtir, à la fin du siècle dernier.

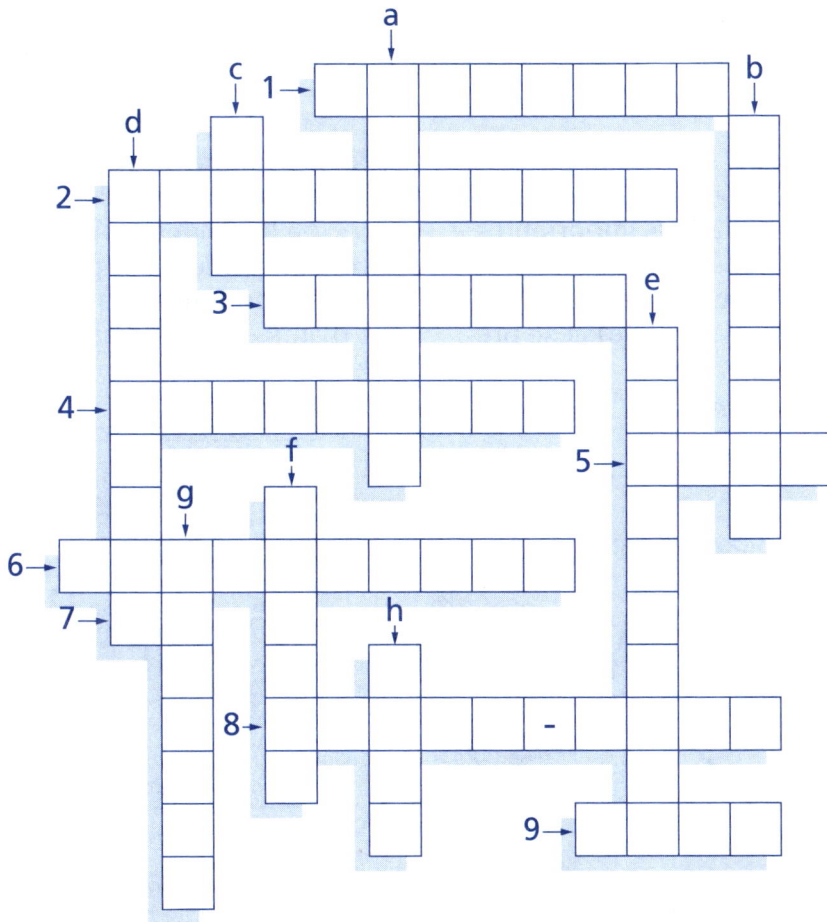

**Horizontalement :**
1. Continent où débarqua Christophe Colomb.
2. Fleuve d'Amérique.
3. Pour aller à Disney World, rendez-vous dans cet État.
4. Il a marché sur la Lune.
5. Les Américains y mirent le pied les premiers.
6. La capitale des États-Unis.
7. Négation.
8. Nom français des U.S.A.
9. Il a peut-être gravé son prénom sur le sol lunaire.

**Verticalement :**
a. Fleuve d'Amérique.
b. Un gratte ciel en Amérique.
c. Les initiales des États-Unis en anglais.
d. Sur cette île, on peut habiter au 30e étage.
e. Dans cet État, tu peux rendre visite à des géants verts.
f. Le papa de Donald.
g. Un géant végétal.
h. Le prénom du papa de Donald.

33

# Que la montagne est belle !

La montagne se définit par des altitudes élevées, de fortes pentes et des dénivellations importantes. Ce type de relief est né de la mobilité de l'écorce terrestre (enveloppe externe du globe) et se présente sous forme de massifs ou de grandes chaînes.

Les hautes montagnes sont des montagnes jeunes, comme les Alpes en Europe ou les Andes en Amérique du Sud, qui présentent des pics aigus et des vallées profondes. Après des millions d'années, elles deviennent des moyennes montagnes aux sommets arrondis par l'érosion.

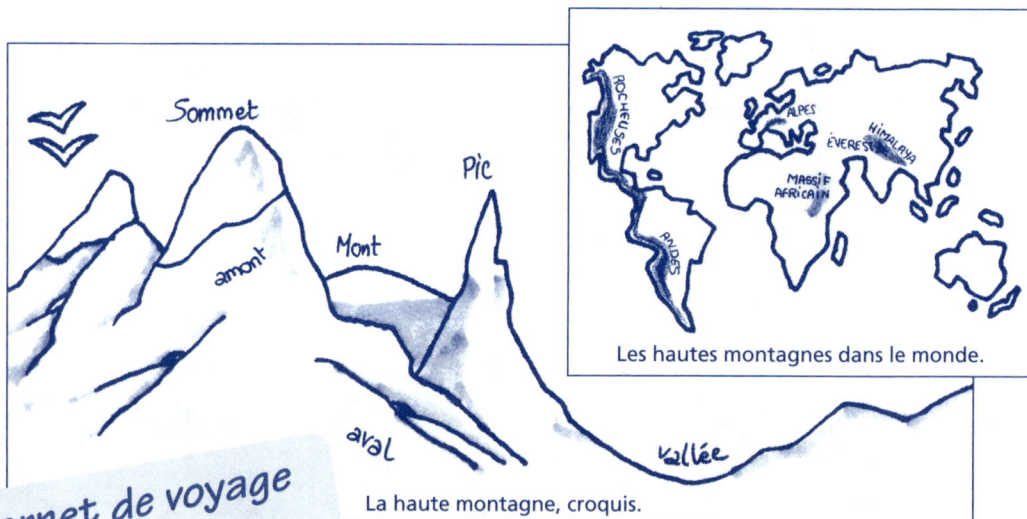

Les hautes montagnes dans le monde.

La haute montagne, croquis.

## Carnet de voyage

Les températures baissent avec l'altitude. C'est pourquoi les montagnes des pays de climat tempéré constituent un milieu de vie difficile pour les hommes, sauf pour pratiquer le ski ! Les montagnes des pays chauds offrent un climat plus frais et plus sain, donc attractif pour les paysans.

## Vocabulaire

**Adret :** versant ensoleillé d'une montagne, donc orienté au sud.

**Ubac :** versant à l'ombre, donc orienté au nord.

**Aval :** partie plus basse sur une pente. (« Val » comme vallée, donc vers le bas.)

**Amont :** partie plus élevée sur une pente. (« Mont » comme montagne, donc vers le haut.)

**Érosion :** action de la pluie, du gel et du vent qui transforme les reliefs.

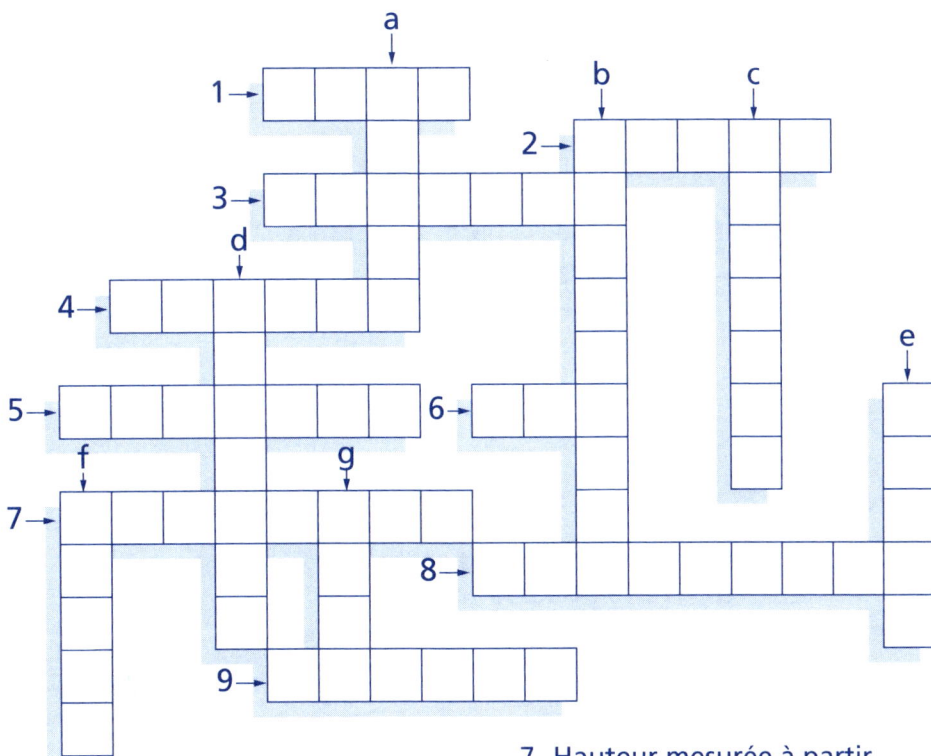

**Horizontalement :**
1. Partie inférieure sur une pente.
2. Nom des hautes montagnes d'Amérique du Sud.
3. Nom donné aux côtés en pente d'une montagne.
4. On ne peut pas grimper plus haut.
5. Action qui transforme l'allure des sommets.
6. Sommet pointu.
7. Hauteur mesurée à partir du niveau de la mer.
8. Adjectif qualifiant le milieu de vie dans les montagnes des pays tempérés.
9. Autre nom donné à l'enveloppe externe du globe.

**Verticalement :**
a. Versant ensoleillé d'une montagne.
b. Adjectif qualifiant le climat des montagnes des pays chauds.
c. Le « toit » du monde, en Asie.
d. La montagne peut se présenter comme ça.
e. Nom des plus hautes montagnes d'Europe occidentale.
f. Partie plus élevée sur une pente.
g. Versant d'une montagne orienté au nord.

# JEUX-TESTS

► **Déchiffre ce rébus et tu trouveras le nom d'un continent.**

Réponse : ...............................................................................

► **Il y a un intrus dans cette liste : trouve-le et barre-le.**

SUPÉRIEUR     LEMAN     HURON

ÉRIÉ     ONTARIO     MICHIGAN

► **Coche la bonne réponse.**

1. L'Alaska est un  ☐ pays indépendant.
   ☐ État des États-Unis.

2. Le Groenland est  ☐ une grande île.
   ☐ un fleuve du Canada.

3. Ce drapeau est  ☐ rouge et blanc.
   ☐ jaune et rouge.
   ☐ bleu et blanc.

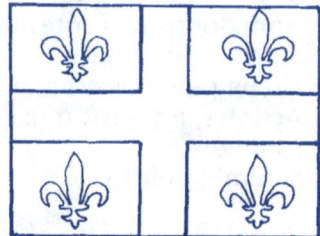

36

# AMERIQUE
# CENTRALE
# ET DU
# SUD

# Le Mexique

Le Mexique est un pays d'Amérique centrale. Les Mexicains parlent l'espagnol. La capitale, Mexico, est certainement la ville la plus peuplée du monde avec près de 20 millions d'habitants.

La superficie du pays est à peu près égale à 4 fois la France.

Le climat est tropical bien que le centre du pays soit plus tempéré. Régulièrement, ce pays est ravagé par des cyclones qui se déplacent parfois à 300 kilomètres à l'heure.

ÉTATS-UNIS

MEXIQUE

Golfe du Mexique

OCÉAN PACIFIQUE

Guadalajara

Mexico

Puebla

Acapulco

YUCATAN

GUATEMALA

HONDURAS

## Carnet de voyage

On trouve dans ce magnifique pays de nombreux vestiges des anciennes civilisations.

Entre autres, les Aztèques vivaient dans l'intérieur des terres et les Mayas dans la presqu'île du Yucatán.

Le Mexique a une population de 95 millions d'habitants !

Ha ? Bientôt 95 000 001 car je vais aller y vivre, de ce pas !!

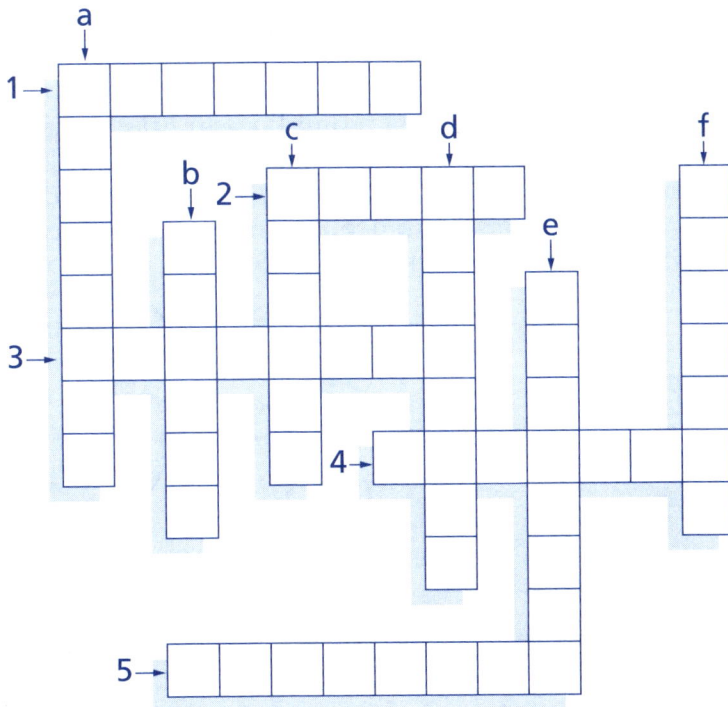

**Horizontalement :**

1. Nom du plus grand pays
   d'Amérique centrale.
2. Nom des anciens habitants
   de la presqu'île du Yucatán.
3. Nom du continent qui,
   au Mexique, est central.
4. Les Mayas vivaient là.
5. Type du climat mexicain.

**Verticalement :**

a. Habitant du Mexique.
b. Ville près de Mexico.
c. Capitale du pays.
d. D'autres anciens habitants.
e. Pour aller au Mexique, il faut
   apprendre cette langue.
f. Il peut atteindre 300 km/h.

# Le canal de Panamá

Ouvert en 1914, le canal de Panamá réunit l'océan Atlantique à l'océan Pacifique à travers l'isthme de Panama. Il mesure environ 80 km de long et 16 km de large et permet aux navires qui l'empruntent d'éviter un détour d'environ 20 000 km, distance à parcourir pour contourner l'Amérique du Sud par le cap Horn.

## Vocabulaire

**Isthme :** étroite bande de terre entre deux mers.
**Archipel :** groupes d'îles.

La langue officielle de Panamá est l'espagnol et nous utilisons principalement la monnaie des États-Unis : le dollar.

Golfe du Mexique

OCÉAN ATLANTIQUE

CUBA

Jamaïque

Haïti

MEXIQUE

BELIZE

MER DES CARAÏBES

(MER DES ANTILLES)

HONDURAS

GUATEMALA

SALVADOR

NICARAGUA

OCÉAN PACIFIQUE

COSTA RICA

CANAL PANAMA

COLOMBIE

Les Antilles sont un archipel d'Amérique centrale. Composées de plusieurs grandes îles, certaines sont britanniques, françaises, néerlandaises ou indépendantes (comme Cuba, la Jamaïque et Haïti).

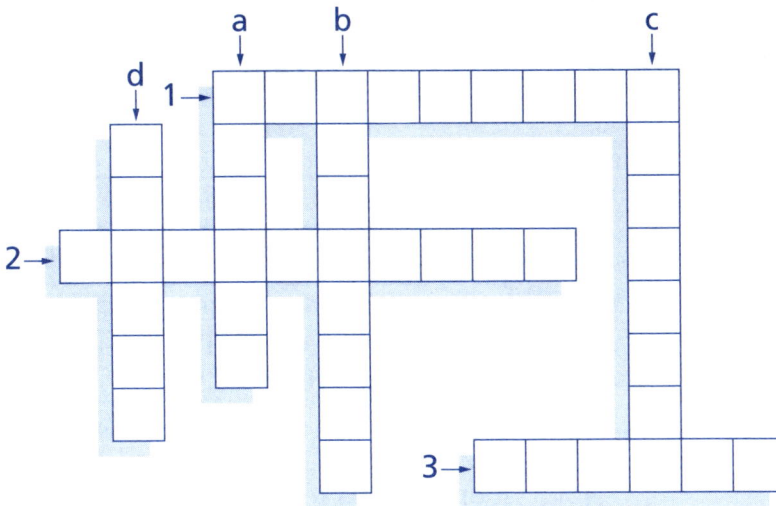

**Horizontalement :**
1. Le plus grand Océan.
2. Océan qui sépare l'Amérique et l'Europe.
3. La monnaie utilisée au Panamá.

**Verticalement :**
a. Nom du pays dont le canal permet de relier 2 grands océans.
b. Nom de la partie du continent américain située entre le nord et le sud.
c. Langue officielle du Panamá.
d. Étroite bande de terre entre 2 mers.

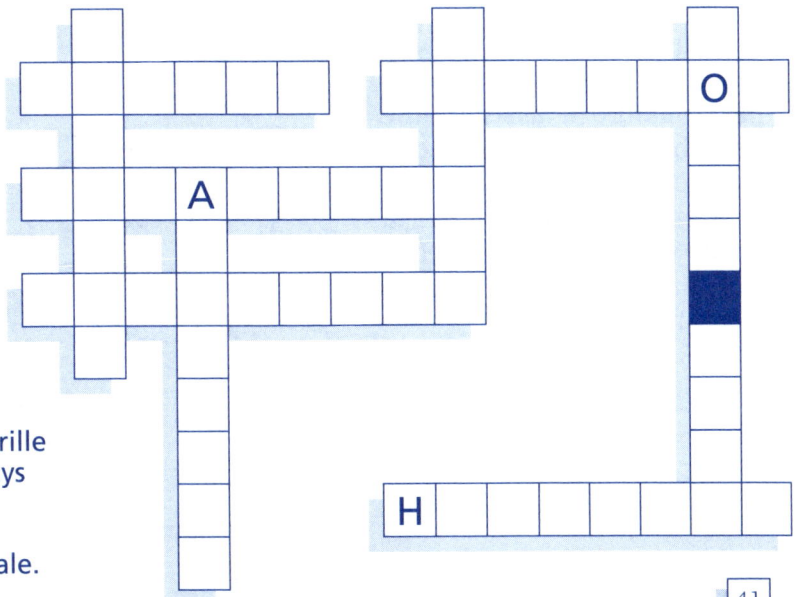

Écris dans cette grille les noms des 8 pays et de l'archipel qui composent l'Amérique centrale.

# Les îles Galápagos

Qui ne connaît les îles Galápagos, ses tortues géantes et ses iguanes ?

Composé de 13 grandes îles et de plus de 40 îlots, cet archipel volcanique est isolé dans l'océan Pacifique à 1 200 km à l'ouest des côtes de l'Équateur, dont il est une province.

L'isolement de cet archipel a préservé une faune et une flore uniques au monde. Mais les animaux et les végétaux de ces îles sont aujourd'hui menacés. Comment ? La population a triplé en quinze ans. Les animaux domestiques (chats, chiens, chèvres) introduits par les nouveaux habitants ont détruit les abris des reptiles et les nids des oiseaux de l'archipel. Les hommes pratiquent également une chasse et une pêche trop importantes et souvent illégales.

Heureusement, depuis 1959, l'archipel est devenu un parc national. Mais cela ne suffit pas toujours à assurer une véritable protection des espèces puisque les otaries sont encore menacées par la venue de touristes et de travailleurs saisonniers, en augmentation.

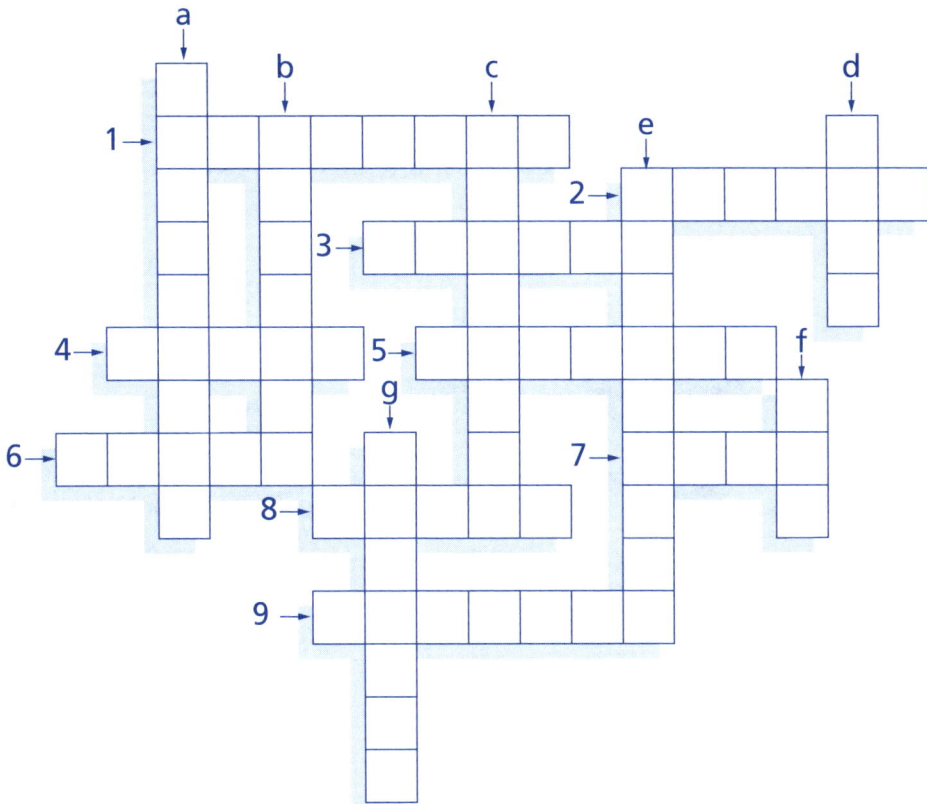

**Horizontalement :**
1. Ensemble d'îles.
2. Il crache le feu.
3. Gros lézard vivant dans les pays tropicaux.
4. L'ensemble des animaux.
5. Elles sont menacées par l'afflux des touristes.
6. Synonyme de seul.
7. Synonyme de refuge.
8. L'ensemble des végétaux.
9. Famille d'animaux rampants dont le corps est couvert d'écailles.

**Verticalement :**
a. Nom de l'archipel où vivent des tortues géantes.
b. Animal domestique femelle.
c. Nom du pays d'Amérique du Sud auquel appartiennent les îles Galápagos.
d. Étendue, terrain où l'on protège les animaux et les plantes.
e. Vrai, réel.
f. Abri des oiseaux.
g. Adjectif, qui ne respecte pas la loi.

# L'Amazone

L'Amazone est un très long fleuve qui coule au Brésil. Il mesure 6 500 km de long et est navigable sur environ 3 000 km. Sa source se trouve au Pérou, dans les Andes.

Une légende dit que c'est une des larmes de la Lune, tombée sur la Terre, qui l'a formé.

Autour de l'Amazone se trouve une immense forêt : l'Amazonie, première surface forestière du monde. On y trouve 3 000 espèces d'arbres. C'est normal puisque la forêt amazonienne est 12 fois plus grande que la France. En voilà de la place pour faire des cabanes !

La forêt est en danger : incendies, déboisement et tracés de grandes routes mettent la forêt, réserve d'oxygène, en péril.

Mer des Caraïbes
OCÉAN ATLANTIQUE
VENEZUELA
GUYANE
SURINAM
GUYANE Française
COLOMBIE
ÉQUATEUR
AMAZONE
PÉROU
BRÉSIL
BOLIVIE
PARAGUAY
OCÉAN PACIFIQUE
CHILI
ARGENTINE
URUGUAY
OCÉAN ATLANTIQUE

Limites de l'Amazonie.

Quelques tribus indiennes vivent au bord du grand fleuve comme vivaient les tribus au début de l'histoire des hommes : les Poturus et les Yanomanis. Ils se nourrissent de manioc, de châtaignes et de poissons. Ils chassent le pécari, une sorte de cochon sauvage.

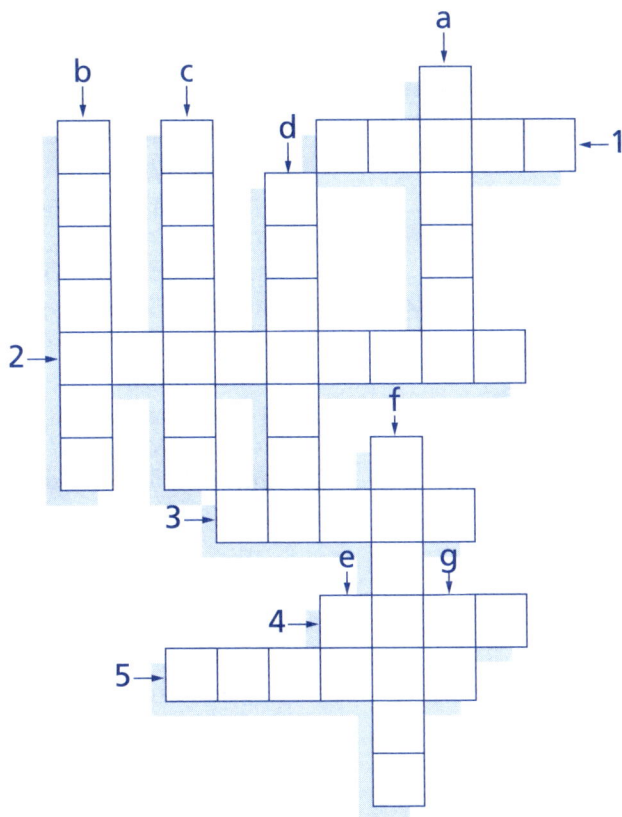

**Horizontalement :**
1. Le royaume des arbres.
2. Pays du nord de l'Amérique du Sud.
3. Pays où l'Amazone prend sa source.
4. Si elle n'avait pas pleuré, l'Amazone ne coulerait pas.
5. C'est une sorte de cochon.

**Verticalement :**
a. L'Amazone traverse ce pays.
b. Pays situé à l'ouest du Brésil.
c. Une histoire mémorable.
d. Une larme de la Lune, d'après la légende.
e. Article féminin.
f. Ils vivent en tribus.
g. Négation.

# L'Argentine

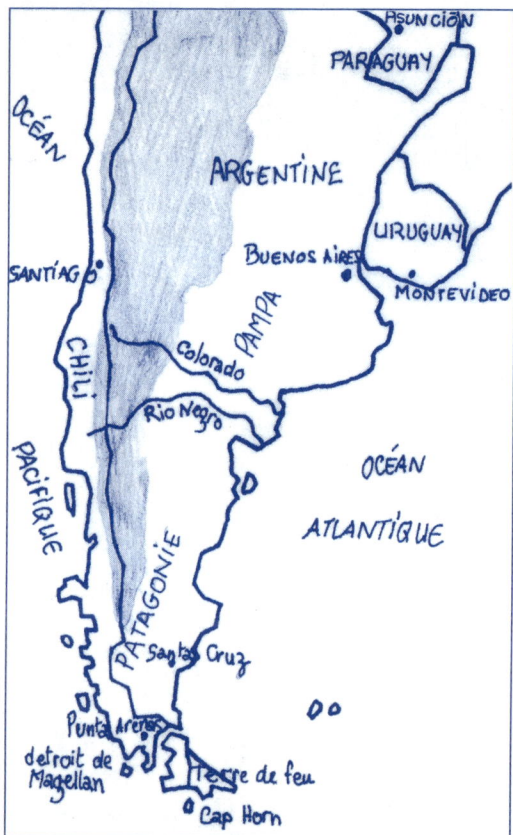

- Capitale : *Buenos Aires.*
- Langue officielle : *espagnol.*
- Monnaie : *pesos.*
- Population : *35,6 millions d'habitants.*
- Superficie : *5 fois la France*
- Distance
  du nord au sud : *3 700 km*
- Particularité : *l'Argentine est un pays semi-désertique ; la steppe et la brousse recouvrent les 2/3 du territoire du fait de l'aridité, d'où son faible peuplement.*

L'Amérique du Sud a connu, ces dernières années, le plus fort accroissement urbain du monde : la population des villes a doublé en 10 ans.

Au nord de l'Argentine, on produit des céréales et on trouve du pétrole.

À l'ouest, une très haute montagne : les Andes forment une frontière naturelle avec le Chili.

Au sud, la Patagonie est un plateau peu fertile où les Argentins élèvent des bovins. Le climat y est sec et froid. Son sous-sol est riche en pétrole.

Au nord de la Patagonie, on trouve la Pampa, une immense plaine fertile où l'on cultive blé et maïs et où l'on élève des ovins pour la laine.

Limite de la chaîne
de montagne
des Andes.

## Carnet de voyage

On remarque, à l'extrême sud du pays, le détroit de Magellan qui permit au navigateur de passer de l'Atlantique au Pacifique en évitant le Cap Horn.

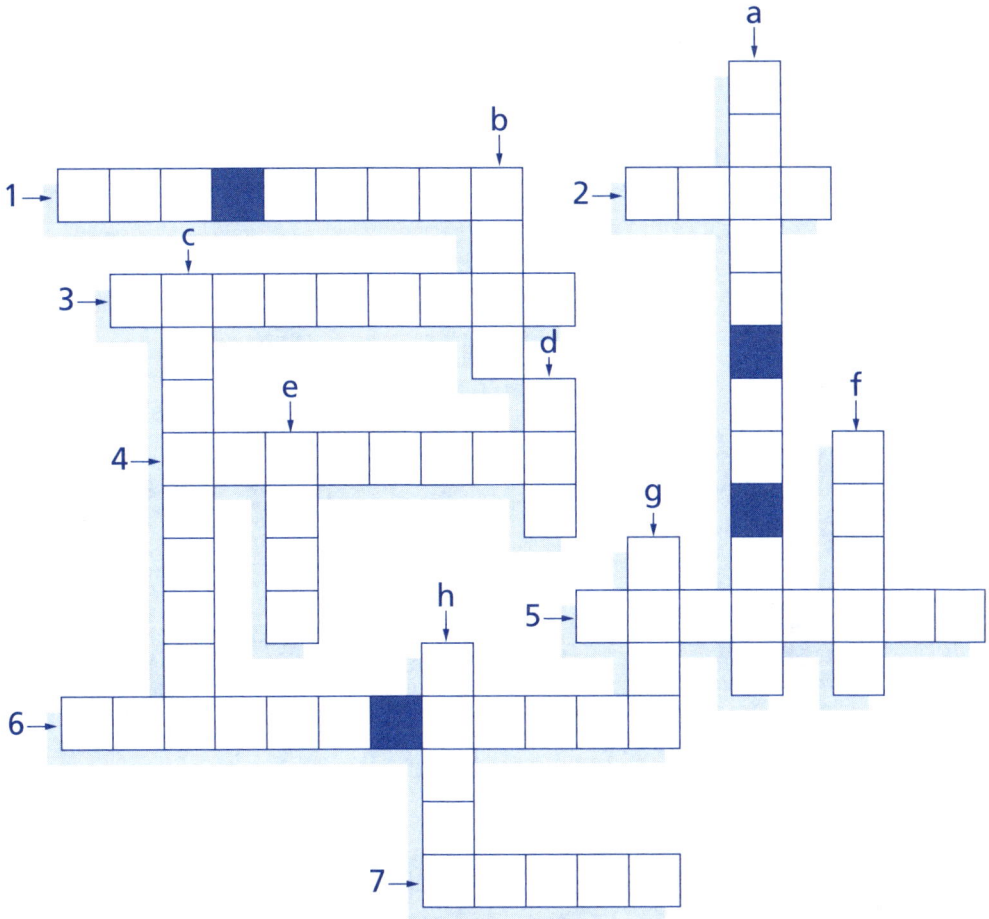

**Horizontalement :**
1. Une rivière d'Argentine en deux mots.
2. Cap situé au sud.
3. Des bovins vivent sur ce plateau.
4. La langue du pays.
5. Il passa par ce détroit auquel il a donné son nom.
6. La capitale de l'Argentine.
7. La chaîne de montagnes qui fait frontière avec le Chili.

**Verticalement :**
a. L'île du sud de l'Argentine.
b. Il broute dans la Pampa.
c. Pays vedette de cette page.
d. Il pousse dans la Pampa.
e. La monnaie de ce pays, au singulier.
f. De l'autre côté des Andes.
g. On en produit dans la Pampa.
h. Nom de la grande plaine au nord de la Patagonie.

# Chacun chez soi !

Voici quelques maisons traditionnelles du monde.

igloo esquimau

maison scandinave

isba russe

tipi indien

AMÉRIQUE DU NORD

EUROPE

Yourte mongole

ASIE

maison en bois américaine

bâtisse en terre marocaine

maison chinoise

AFRIQUE

paillote des fidji

maison paysanne du Pérou

AMÉRIQUE DU SUD

maison sur pilotis en Amazonie

case africaine

Cabane sur pilotis à Madagascar

maison d'Argentine

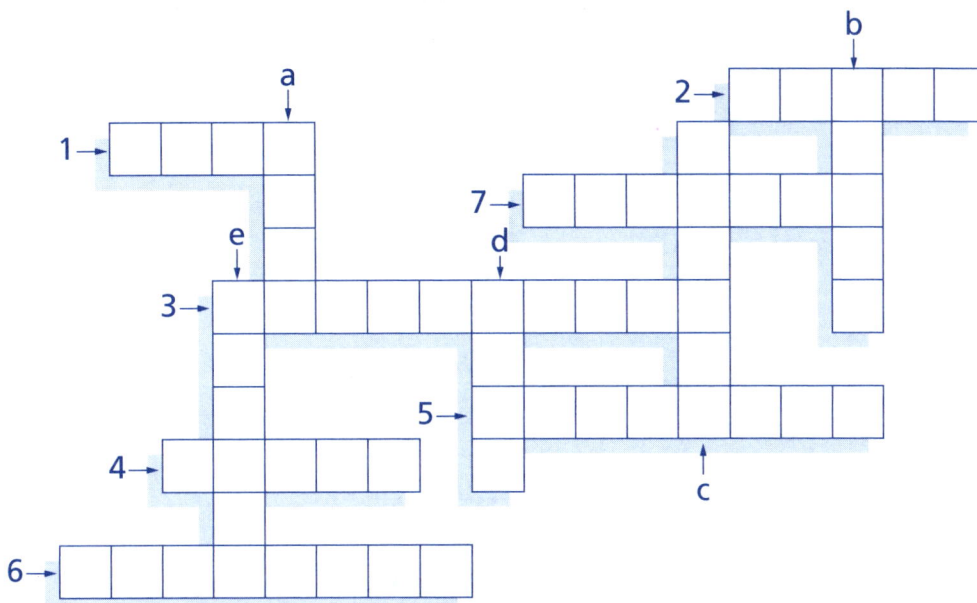

**Horizontalement :**
1. Il protège l'Indien.
2. Pays d'Amérique du Sud.
3. Île de l'océan Indien où l'on construisait des cabanes sur pilotis.
4. Maison de glace.
5. Elle vit sous le tipi.
6. Maison des îles Fidji.
7. Moyen de construire une maison au-dessus de l'eau.

**Verticalement :**
a. Maison russe.
b. Il habite l'isba.
c. Abri en Mongolie.
d. Continent des Chinois.
e. Pour lui rendre visite, entre sous la yourte.

# J E U X - T E S T S

▶ **Rends sa fin à chaque début de nom de pays d'Amérique du Sud.**

Exemple :   | COL | —— | OMBIE |

| Les débuts | Les fins |
|------------|----------|
| ARGEN | ANE |
| GUY | ROU |
| PÉ | ZUELA |
| VENE | GUAY |
| BRÉ | TINE |
| URU | SIL |

▶ **Il y a 5 erreurs dans cette carte. Retrouve-les et entoure-les.**

L'EUROPE

# Le continent européen et l'U.E.

L'Europe est le plus petit des 6 continents (10 millions de km$^2$). Il a une position de carrefour, notamment par rapport à l'Asie et à L'Afrique. Traditionnellement, le continent européen est délimitée à l'est par la mer Caspienne et l'Oural (chaîne de montagnes).

Dans le nord, de grandes plaines ; dans le sud de la France, en Espagne et en Italie, de hautes montagnes forment le relief.

L'Europe se trouve dans la zone climatique tempérée. On rencontre 4 types de climats : océanique à l'ouest, continental à l'est, méditerranéen autour de la Méditerranée et montagnard dans les Alpes et les Pyrénées.

La population en Europe est importante (environ 700 millions), mais inégalement répartie. Les régions les plus peuplées sont la plaine du Rhin et celle du Pô.

L'U.E. (Union européenne), mise en place en 1992, regroupe 15 pays (en gris sur la carte), soit plus de 350 millions d'habitants. Une monnaie unique, l'Euro €, sert à tous les Européens depuis le 1$^{er}$ janvier 2002 (1€ = 6,55957 F). (Le Royaume-Uni, le Danemark et la Suède n'ont pas adoptés l'Euro.)

Les langues européennes ont des origines différentes : romane, germanique, celtique ou grecque.

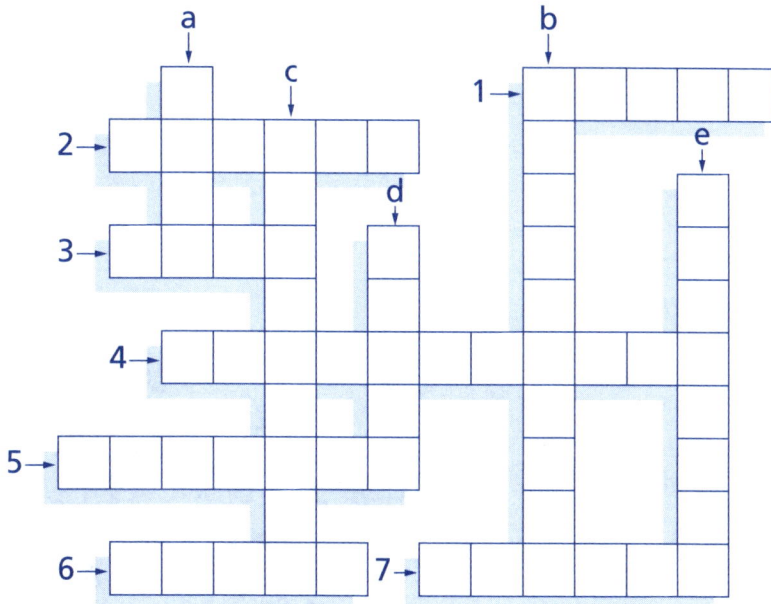

**Horizontalement :**
1. Le pays le plus au sud de l'Union européenne.
2. Nom du continent qui a une position de carrefour.
3. Capitale de l'Italie. C'est aussi la ville où a été signé un traité pour l'Europe en 1957.
4. Le climat à l'est de l'Europe.
5. Une des langues européennes d'un pays du sud.
6. De hautes montagnes en France.
7. La capitale de l'Autriche.

**Verticalement :**
a. La monnaie commune européenne.
b. Origine de certaines langues, comme l'allemand.
c. Climat à l'ouest de l'Europe.
d. Un grand fleuve de France.
e. Le pays le plus au nord de l'Union européenne.

# Les animaux et l'Union européenne

La C.E.E. (Communauté économique européenne, aujourd'hui appelée Union européenne : U.E.) s'est construite à partir de l'idée de regrouper les États de l'Europe occidentale en un seul marché économique afin d'éviter tout risque de guerre entre eux.

## Carte d'identité

*Les étapes de la construction de l'Europe des 15 :*
*• 1957 : création de la C.E.E. par le traité de Rome avec 6 États (Allemagne, Belgique, France, Italie, Luxembourg, et Pays-Bas).*
*• 1973 : adhésion du Danemark, de l'Irlande et du Royaume-Uni.*
*• 1981 : adhésion de la Grèce.*
*• 1986 : adhésion de l'Espagne et du Portugal.*
*• 1995 : adhésion de l'Autriche, de la Finlande et de la Suède.*

ISLANDE

OCÉAN

NORVÈGE SUÈDE FINLANDE

HELSINKI

STOCKHOLM

IRLANDE DUBLIN ANGLETERRE DANEMARK

LONDRES

ATLANTIQUE PAYS-BAS ALLEMAGNE

BELGIQUE Bonn BERLIN

BRUXELLES Luxembourg

PARIS VIENNE

FRANCE SUISSE AUTRICHE

Bordeaux Venise

PORTUGAL ITALIE

ESPAGNE ROME

LISBONNE MADRID Barcelone

MER MÉDITERRANÉE

Et nous ?

L'U.E. s'occupe d'établir une politique commune au niveau économique ainsi que dans les domaines humanitaire, éducatif et social. Les pays membres tentent également de coordonner leurs actions en matière de défense de l'environnement et de protection des animaux.

Ça, c'est bien ça !

Moi, je voyage souvent avec mes maîtres. Ho ! Mais oui, je suis vacciné. J'ai déjà visité : Bordeaux, Venise, Lisbonne, Dublin, Bonn, Vienne, Luxembourg, Stockholm, Londres et Barcelone.

Mais je ne sais plus dans quels pays se trouvent ces villes. Aide-moi à les retrouver en faisant les mots croisés de cette page.

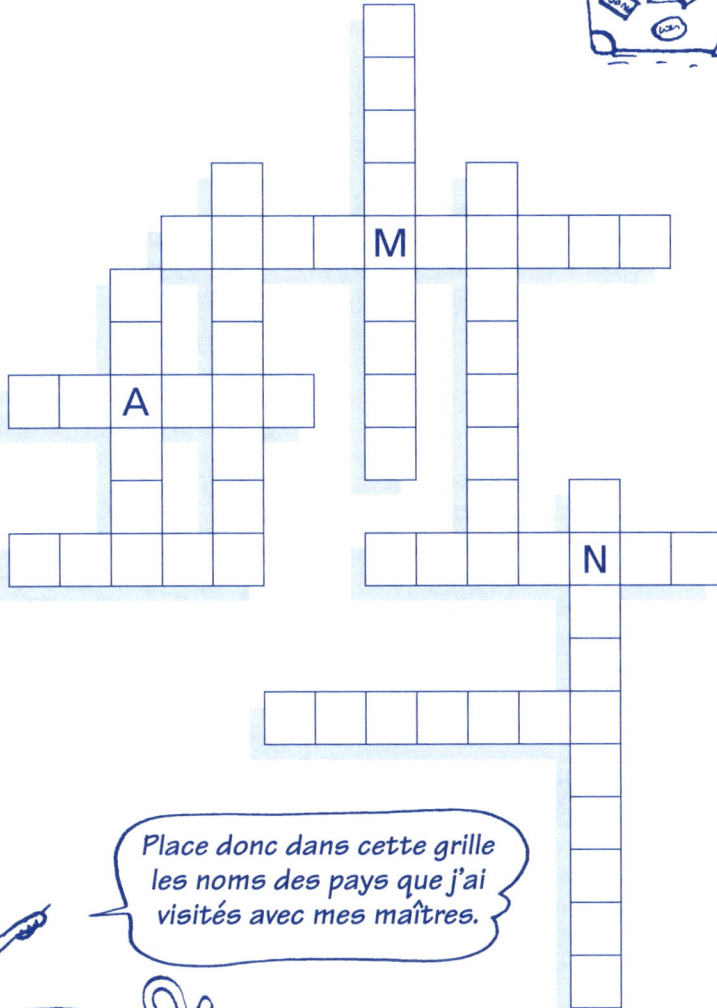

M

A

N

*Place donc dans cette grille les noms des pays que j'ai visités avec mes maîtres.*

# La Scandinavie

Au nord-ouest de l'Europe, on trouve 5 pays proches de l'océan glacial Arctique. Leur climat est donc très froid et détermine deux saisons, dont un hiver long et rude.

La région appelée «Scandinavie» est composée de la Norvège, la Suède et du Danemark. On y ajoute parfois la Finlande, pour des critères exclusivement géologiques (composition des sols, relief…) et l'Islande pour des critères linguistiques (langue).

**La Norvège** (capitale : **Oslo**) est un pays assez montagneux. La côte ouest présente de nombreuses criques, des baies appelées fjords car bordées de montagnes à pic. La pêche est importante; on trouve également du pétrole au large de la Norvège.

**La Suède** (capitale : **Stockholm**) a la moitié de son territoire couvert de forêts. C'est pourquoi l'industrie du bois y est une activité économique importante. On y trouve des gisements de fer. La majorité des Suédois vivent dans le sud, car, au nord, les hivers sont trop rudes et trop longs.

**Le Danemark** (capitale : **Copenhague**) est formé de la péninsule du Jutland et d'un archipel d'îles situé entre la mer du Nord et la mer Baltique. Les sols étant peu fertiles, on les utilise surtout pour l'élevage. La pêche se pratique de façon intense.

**La Finlande** (capitale : **Helsinki**) ne compte que 5 millions d'habitants. Dans le Nord vivent les Lapons qui chassent encore les rennes.

**L'Islande** (capitale : **Reykjavik**) est une île située à 200 km à l'est du Groenland, formée de glaciers et de volcans. L'industrie est essentiellement liée à la pêche.

Colorie les mers en bleu.

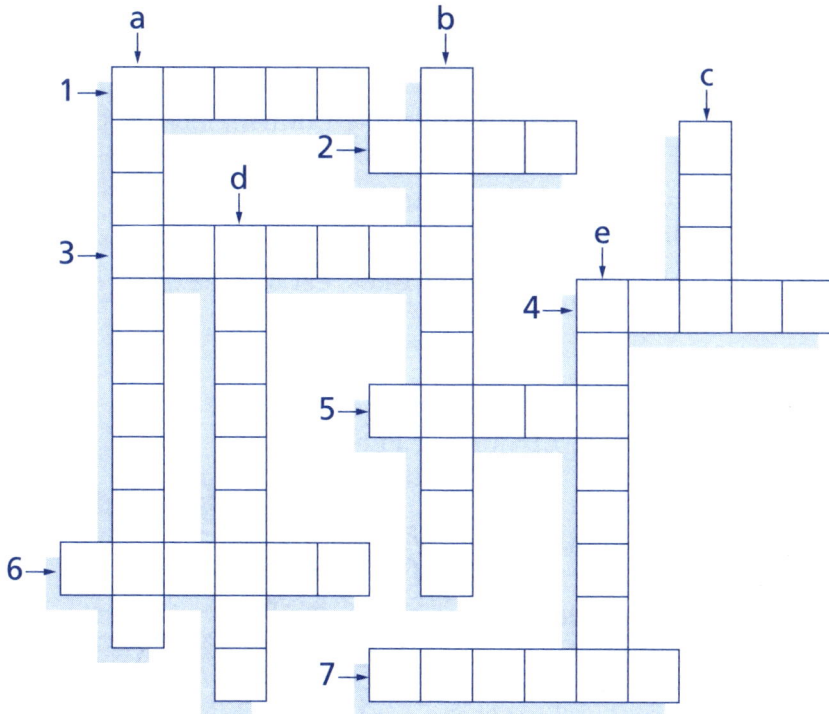

**Horizontalement :**
1. Pays au bord de la mer Baltique.
2. Nom du pôle qui n'est pas si loin de la Scandinavie.
3. Oslo en est la capitale.
4. Une crique dans les falaises.
5. Habitant de la Laponie.
6. Ils sont trop longs pour les Suédois.
7. Ils sont chassés pour leur chair et leur fourrure, alors qu'ils rendent service au Père Noël.

**Verticalement :**
a. Nom de la région du nord-ouest de l'Europe.
b. Capitale du Danemark, située sur une île de la mer Baltique.
c. Capitale de la Norvège.
d. Dans ce village vit le Père Noël…
e. Pays à l'est de la Suède.

*Actualité*

Il paraît que le Père Noël vit en Laponie finlandaise, dans le village de Rovaniemi, au royaume du froid, des sapins, des forêts profondes et des lacs gelés.

# Les îles Britanniques

Les îles Britanniques sont formées du Royaume-Uni (Angleterre, pays de Galles, Écosse et Irlande du Nord) et de la république d'Irlande.

Les deux principales îles de l'archipel britannique sont la Grande-Bretagne et l'Irlande.

La Grande-Bretagne, la plus grande des deux îles, est formée de 3 régions :

### • L'Écosse
- Capitale : Édimbourg.
- Relief : montagneux, coupé de vallées profondes (*glens*).
- Économie : principale ressource du nord de l'Écosse (Highlands), élevage d'ovins ;
  au centre, région agricole fertile ;
  au sud (Lowlands), élevage laitier et activités industrielles (métallurgie, construction navale).

### • Le pays de Galles
- Capitale : Cardiff.
- Économie : élevage d'ovins (moutons) ; industrie de l'acier ; raffinage de pétrole.

### • L'Angleterre
- Capitale : Londres.
- Économie : agriculture (favorisée par le climat humide) ; villes industrielles au nord-est, au centre (Midlands) et au sud-ouest.

La république d'Irlande est un pays principalement agricole mais l'industrie et surtout le tourisme y sont aussi développés.

Iles Hébrides
Iles Orcades
Highlands
Île de Skye
ÉCOSSE
MER DU NORD
LOWLANDS
Glasgow
ÉDIMBOURG
OCÉAN
IRLANDE DU NORD
BELFAST
Île de Man
IRLANDE (EIRE)
MER D'IRLANDE
DUBLIN
PAYS
DE
GALLES
ANGLETERRE
Cardiff
ATLANTIQUE
Tamise
LONDRES
Île de Wight
MANCHE

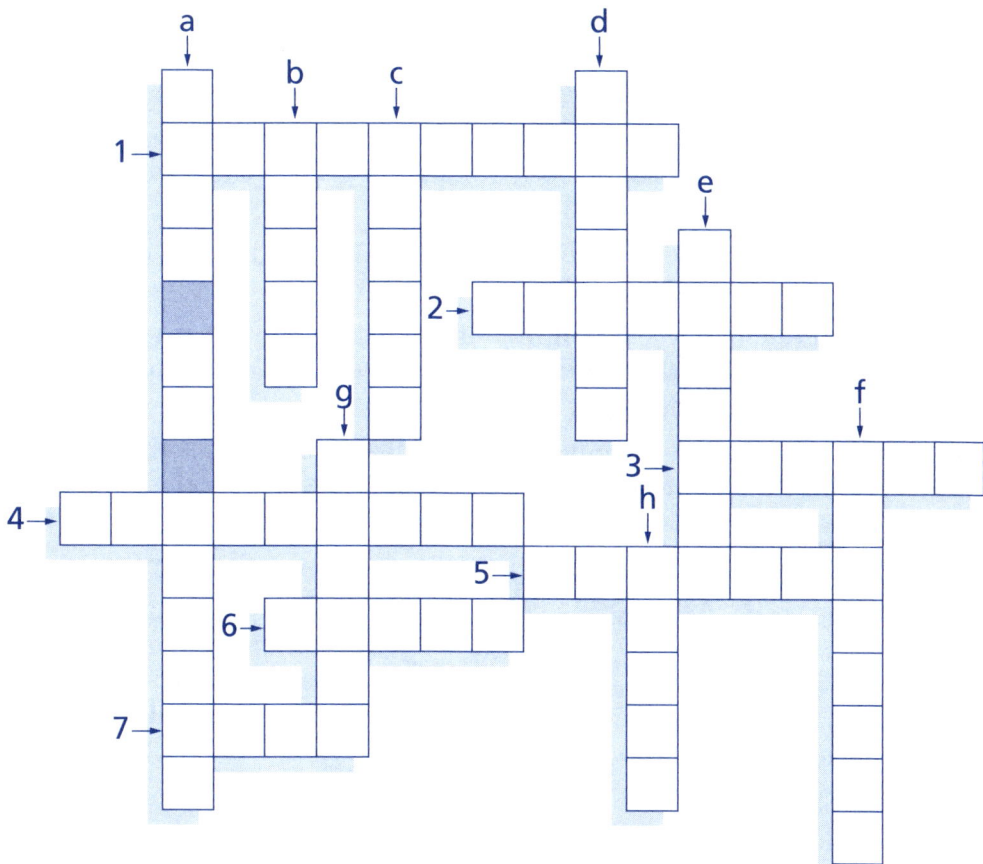

**Horizontalement :**
1. Région la plus grande de la Grande-Bretagne.
2. La capitale de l'Angleterre.
3. La capitale de l'Irlande.
4. Nom anglais du nord de l'Écosse.
5. Ville d'Écosse.
6. Une île au sud de l'Angleterre, dans la Manche.
7. Nom anglais de l'Irlande.

**Verticalement :**
a. Cardiff en est la capitale.
b. Nom anglais des vallées profondes en Écosse.
c. Région située au nord de la Grande-Bretagne.
d. La deuxième île composant l'archipel britannique.
e. Les îles situées au nord de l'Écosse.
f. Nom anglais de la partie de l'Écosse où sont élevées des vaches laitières.
g. Le fleuve qui traverse Londres.
h. Métal fabriqué au pays de Galles.

# L'Allemagne

Si tu traverses le Rhin, ce grand fleuve d'Europe long de 1 320 km, alors tu seras en Allemagne. Devant toi se dressera la Forêt Noire.

Effectivement, le sud du pays est montagneux. Les massifs s'appellent les Préalpes, le Jura Souabe, le grand plateau bavarois et le massif schisteux rhénan.

Le nord du pays est plat. La grande plaine de l'Europe du Nord commence au Pays-Bas et se poursuit en Allemagne.

Le climat de l'Allemagne est continental car le pays est assez éloigné de l'océan Atlantique. Pourtant, deux mers baignent ses rives du Nord : la mer du Nord et la mer Baltique.

L'Allemagne est un pays fortement industrialisé, notamment dans le bassin de la Ruhr qui en fait un des pays les plus riches du monde.

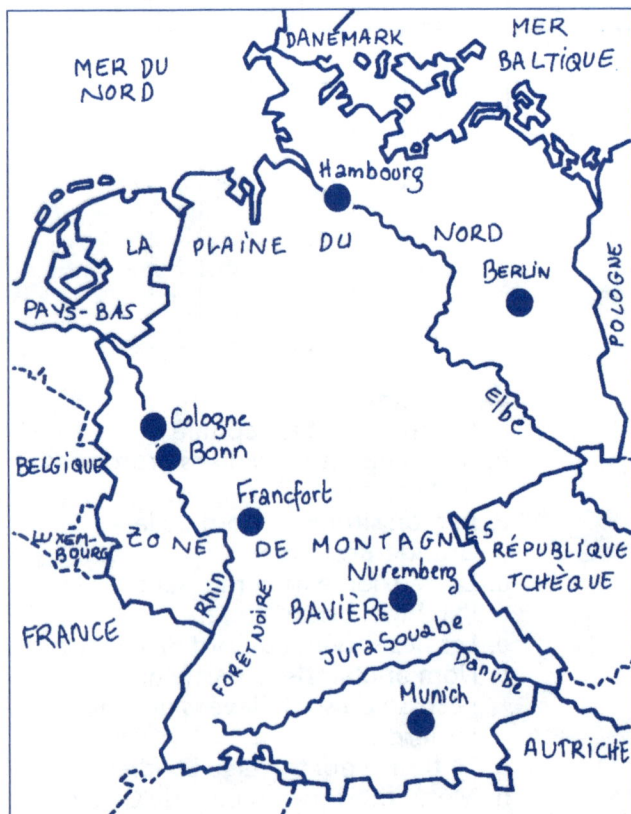

C'est la première puissance européenne.

La majorité de la population allemande vit dans de grandes villes : Berlin, la capitale, mais aussi Munich, Cologne et Francfort.

**Un peu d'histoire**

De 1949 à 1990, l'Allemagne était séparée en deux États. L'Allemagne de l'Est avait pour capitale Berlin et l'Allemagne de l'Ouest avait pour capitale Bonn.

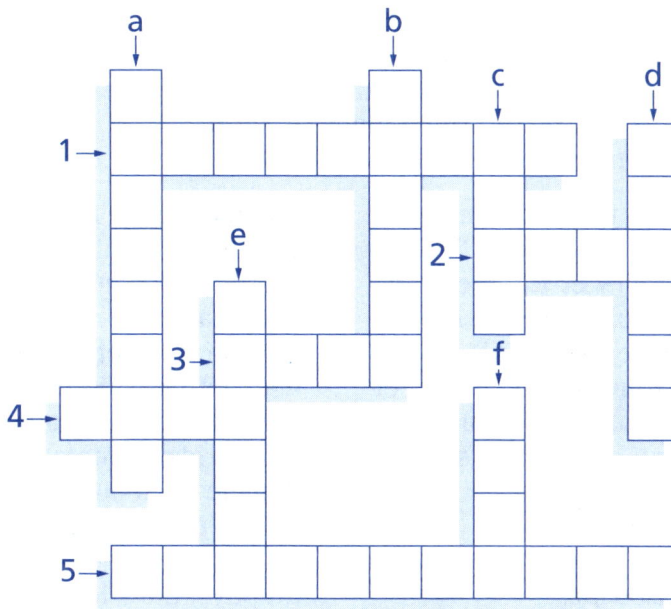

**Horizontalement :**
1. Pays autrefois séparé en deux.
2. Pour aller en Allemagne, on passe sur les ponts qui franchissent ce fleuve.
3. Nom du fleuve qui passe à Hambourg.
4. Une région très industrielle.
5. Le climat de l'Allemagne.

**Verticalement :**
a. La mer située au nord-est de l'Allemagne.
b. Ce fleuve prend sa source en Forêt Noire.
c. L'autre mer située au nord de l'Allemagne.
d. Une ville de Bavière.
e. Capitale actuelle de l'Allemagne.
f. La ville qui fut la capitale de l'Allemagne de l'Ouest.

## Le drapeau

Mets-le en couleurs.

| noir |
| rouge |
| jaune |

61

# La péninsule Ibérique

L'Espagne et le Portugal forment la péninsule Ibérique.
L'Espagne est un pays qui, petit à petit, devient industriel,
alors que le Portugal reste principalement rural.
Ces deux pays font partie de l' U.E. depuis 1986.

**Le Portugal** est un petit territoire situé à l'ouest de l'Espagne. C'est un pays d'agriculteurs et de pêcheurs. Le Portugal produit de l'huile d'olive et du liège, ainsi que du vin.
Au centre, on trouve le fleuve Tage et des montagnes ; au sud, des plateaux et des plaines au climat plus sec.

### Carte d'identité

- Capitale : *Lisbonne.*
- Superficie : *92 400 km².*
- Population : *environ 10 millions.*
- Monnaie : *euro.*

**En Espagne,** l'intérieur du pays est sec et montagneux. Bien que certains étés soient très chauds, le climat reste doux.
L'agriculture et la pêche restent des activités importantes pour l'économie du pays mais des industries s'implantent surtout dans le nord autour des villes de Bilbao et de Barcelone.
La capitale, Madrid, est au centre du pays, dans les hautes plaines.

### Carte d'identité

- Superficie : *505 000 km² (en comptant les îles Baléares et les îles Canaries, au large du Maroc).*
- Population : *environ 40 millions.*
- Monnaie : *euro.*

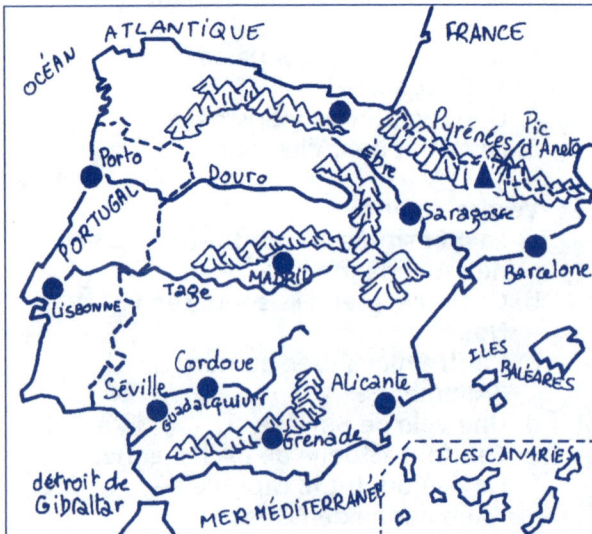

Le détroit de Gibraltar sépare l'Europe de l'Afrique au sud de l'Espagne. C'est un territoire anglais !
On peut lire, dans la mythologie grecque, qu'Hercule avait fendu le roc pour former ce détroit. Les rochers abrupts qui le dominent sont surnommés les «colonnes d'Hercule».

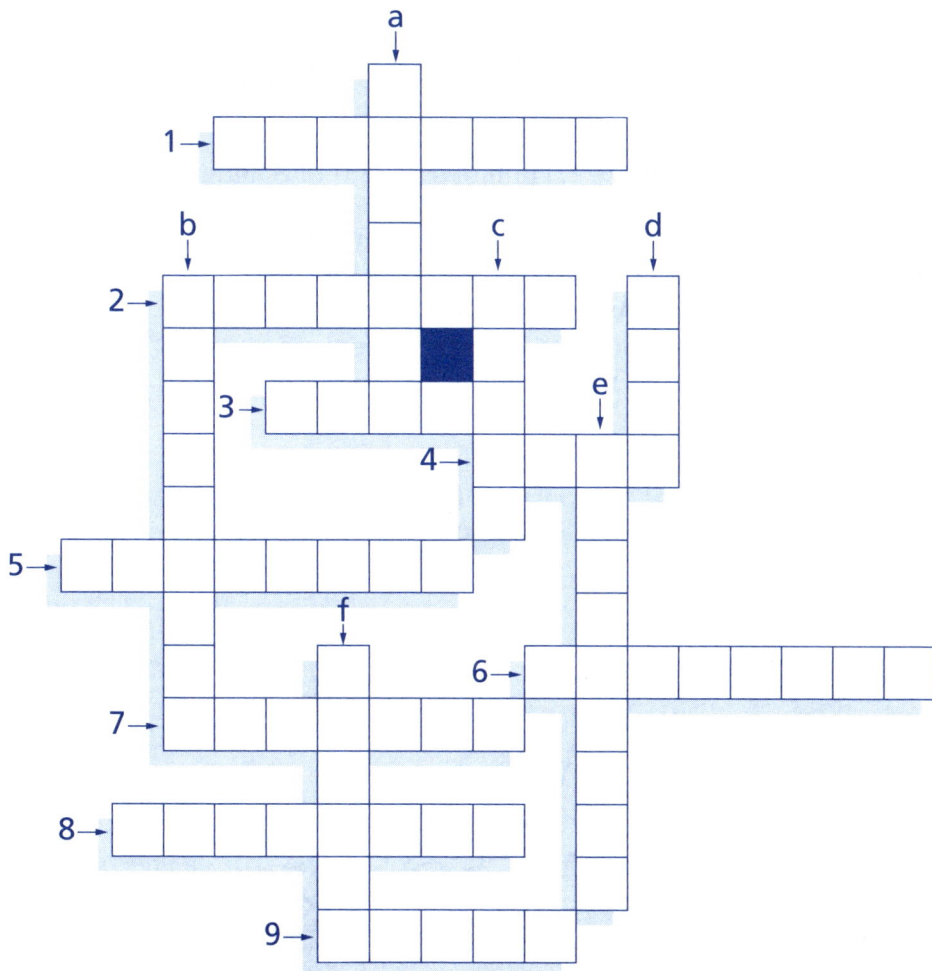

## Horizontalement

1. On les franchit pour aller
   de France en Espagne.
2. Le plus petit pays ibérique.
3. Une production du Portugal.
4. Il arrose Lisbonne.
5. Capitale où l'on parle le portugais.
6. Îles méditerranéennes.
7. Avant l'Euro, les habitants
   de ce pays payaient en pesetas.
8. Îles de l'Atlantique.
9. Ce fleuve verse ses eaux
   dans l'océan Atlantique.

## Verticalement

a. C'est lui qui, d'après
   la mythologie, a séparé l'Espagne
   de l'Afrique.
b. Une très grande presqu'île.
c. Le plus haut sommet d'Espagne.
d. Ce fleuve termine son cours
   dans la Méditerranée.
e. Le nom du détroit qui sépare
   l'Europe de l'Afrique.
f. La capitale des Espagnols.

# La mer Méditerranée

La mer Méditerranée couvre 2,5 millions de km$^2$ et baigne les côtes de l'Europe du Sud et de l'Afrique du Nord. Sa position stratégique, utile au commerce et aux relations entre les pays, est renforcée par les contacts qu'elle entretient avec l'océan Atlantique grâce au détroit de Gibraltar, avec la mer Rouge et l'océan Indien grâce au canal de Suez, et avec la mer Noire grâce au détroit du Bosphore.

On y trouve également de grandes îles (les Baléares, la Sardaigne, la Corse, la Sicile, la Crète, Rhodes et Chypre), et des mers périphériques : l'Adriatique, la mer Égée et la mer Ionienne.

La Méditerranée est une mer nourricière car très poissonneuse, mais aussi très polluée par les eaux usées et le déversement de matières chimiques. De grands ports se sont développés le long des côtes et sont devenus des villes très peuplées : Barcelone, Marseille, Rome, Naples, Athènes, Istanbul, Beyrouth, Alexandrie, Tripoli, Tunis et Alger.

Place dans cette grille toutes les îles importantes de la Méditerranée.

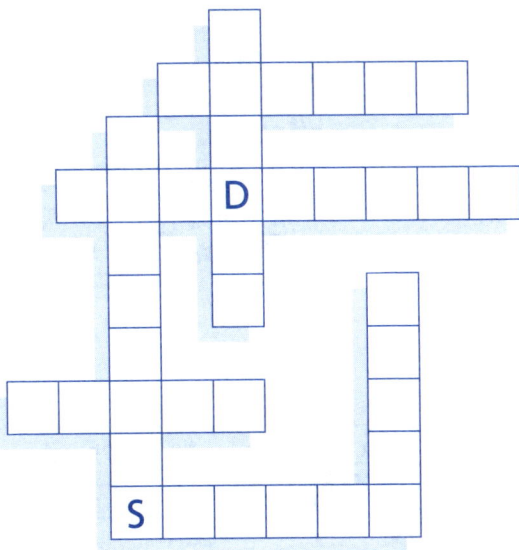

(grille de mots croisés avec les lettres D et S indiquées)

**Horizontalement**
1. Ce canal permet d'aller en bateau de Marseille en Australie.
2. Un détroit au sud de l'Espagne.
3. Mer située entre l'Italie et la Grèce.

**Verticalement :**
a. Cette mer baigne Marseille, Tunis, Rome et Tripoli.
b. Détroit qui relie la mer Égée à la mer Noire.
c. Mer située entre la Grèce et la Turquie.

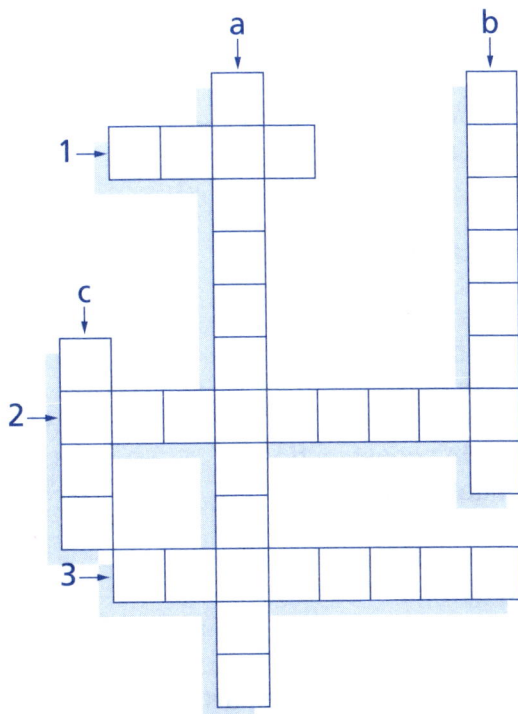

# L'Italie

## Carte d'identité

- Capitale : *Rome*
- Langue officielle : *italien*
- Population : *57 millions.*
- Superficie : *environ 300 000 km².*
- Dimension nord-sud : *1 000 km.*
- Climat : *continental au nord (présence des Alpes), méditerranéen sur les côtes et dans le sud.*
- Principales activités économiques : *industrie de l'acier, de l'automobile, production de vin et d'huile d'olive.*
- Particularité : *grand déséquilibre entre le nord et le sud du pays : le niveau de vie est 4 fois inférieur dans le sud.*

## Carnet de voyage

Le nord de l'Italie s'enracine dans le continent, comme accroché aux Alpes mais traversé par la large plaine du Pô.

L'Italie, c'est aussi deux grandes îles en Méditerranée : la Sardaigne au sud de la Corse et la Sicile dominée par un volcan en activité : l'Etna.

**Les grandes villes** sont nombreuses :
- Milan : capitale économique (usines, banques…) ;
- Turin : construction d'automobiles ;
- Naples : tourisme et construction d'automobiles (attention au Vésuve, un autre volcan en activité) ;
- Venise : la ville sur l'eau ;
- Florence : la ville des arts.

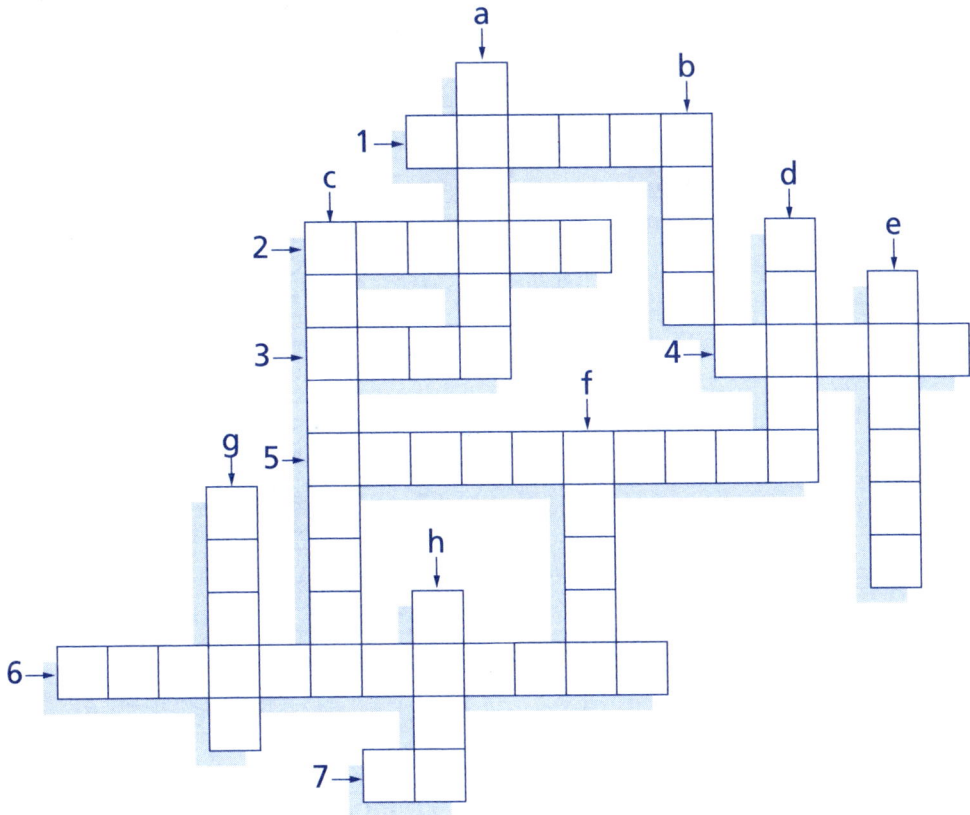

**Horizontalement :**
1. Un volcan près de Naples.
2. Une île.
3. La capitale : il paraît que tous les chemins y mènent.
4. La capitale économique.
5. Les Italiens peuvent s'y baigner.
6. Mer située au sud-ouest de la Sicile.
7. Il prend sa source dans les Alpes.

**Verticalement :**
a. On circule dans cette ville en gondole.
b. Un volcan situé sur une île.
c. Une île près de la Corse.
d. Un fleuve situé au-dessus du Pô.
e. Un danger de feu guette cette ville.
f. Fleuve qui passe à Rome.
g. Ville où l'on ne doit pas manquer de voitures.
h. Fleuve qui traverse Pise.

# La Grèce

Un vieux conte grec dit qu'un dieu jeta sur la Terre et sur l'eau une multitude de cailloux qui ainsi formèrent la Grèce.

En effet, le relief montagneux ou semi-montagneux sur plus de la moitié du territoire en fait un pays morcelé, à la fois continental et insulaire (437 îles dont 154 habitées).

## Carte d'identité

- Capitale : *Athènes.*
- Langue officielle : *grec.*
- Population : *12 millions.*
- Superficie : *132 000 km².*
- Climat : *méditerranéen mais plus continental au nord.*
- Économie : *pauvreté et dégradation des sols par l'érosion et la sécheresse, donc peu de sources d'énergie et de matières premières. Toutefois, l'agriculture constitue la première activité économique (blé, olives, vigne, agrumes et tabac). Le tourisme est aussi une importante ressource économique. Ce sont le climat et les vestiges des constructions de la Grèce antique qui attirent les touristes.*
- Monnaie : *euro.*

Le mont Olympe est le point culminant de la Grèce (2918 m d'altitude). Les anciens Grecs pensaient que leurs dieux y vivaient. Par exemple, Zeus avait son trône sur le mont voisin, Olymbos.

## Le drapeau grec

Mets-le en couleur : la croix est blanche ; les bandes sont bleues et blanches (la première est bleue).

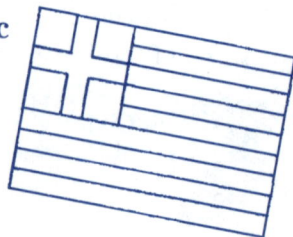

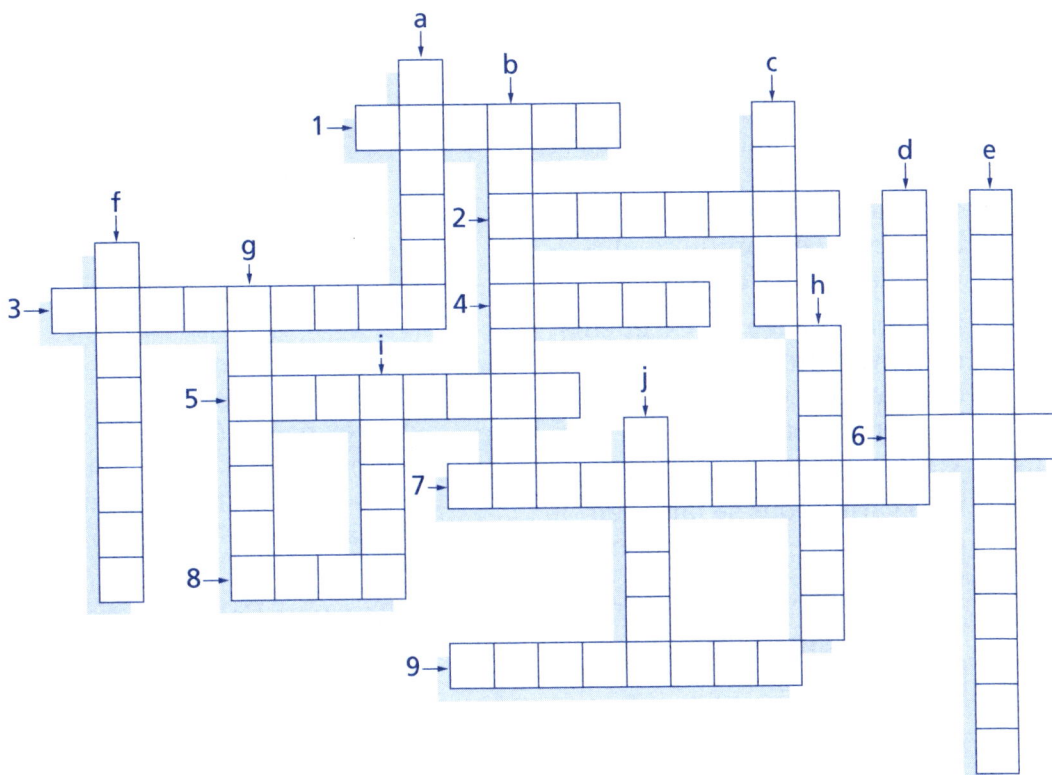

**Horizontalement :**
1. Point culminant de la Grèce.
2. Groupe d'îles au sud-est de la capitale.
3. Elles occupent plus de la moitié du territoire.
4. Ils vivaient sur le mont Olympe.
5. Pays frontalier au nord.
6. Il y en a 437 en Grèce, dont 154 sont habitées.
7. Nom de la presqu'île située au sud de la Grèce.
8. Mer séparant la Grèce et la Turquie.
9. Mer à l'ouest du pays.

**Verticalement :**
a. Cultivées par les Grecs, on peut en faire de l'huile.
b. Nom d'une région et d'un pays frontalier au nord de la Grèce.
c. La plus grande île, au sud.
d. Pays frontalier au nord-est.
e. Type du climat en Grèce.
f. Personne venant en Grèce pour le climat et les vestiges antiques.
g. Pays frontalier à l'ouest.
h. Capitale de la Grèce.
i. Athènes en est la capitale.
j. Ville du Péloponnèse.

# Avez-vous la monnaie ?

Lorsqu'il a commencé à cultiver la terre, à élever des animaux et à fabriquer des objets, l'homme a commencé à produire plus qu'il ne pouvait consommer.

Il a alors changé les excédents qu'il avait produits contre d'autres objets ou denrées qui lui manquaient.

Aujourd'hui, les échanges sont trop variés pour se faire « en nature », il s'effectuent donc en monnaie.

LA MONNAIE SE PRÉSENTE SOUS 5 FORMES DIFFÉRENTES.

Pour payer un achat, le client peut utiliser des pièces, des billets, émettre des chèques bancaires ou postaux ou utiliser une carte de crédit.

Dans l'avenir, il utilisera de plus en plus le « porte-monnaie électronique », une carte rechargeable.

L'Euro, notre nouvelle monnaie européenne, adoptée par 12 états membres de l'U. E. (Union Européenne) est entrée en circulation le 1er janvier 2002.

Le Royaume-Uni, le Danemark et la Suède n'ont pas voulu adopter l'Euro.

Ces pays ont conservé leur monnaie : la livre, la couronne danoise et la couronne suédoise.

1 EURO Les Allemands, les Autrichiens, les Belges, les Espagnols, les Français, les Grecs, les Italiens, les Hollandais, les Portugais, les Irlandais, les Finlandais et les Luxembourgeois paient leurs achats en euros. (Eypo en grec).

MAIS

Le dollar, le « billet vert », est utilisé comme monnaie pour les échanges internationaux. (Le pétrole se vend et s'achète en dollars.)

Place d'abord le nom de la monnaie européenne chaque fois que tu vois .

Puis en t'aidant des noms de leurs habitants en page de gauche et du dessin, place le nom des pays qui utilisent cette monnaie.

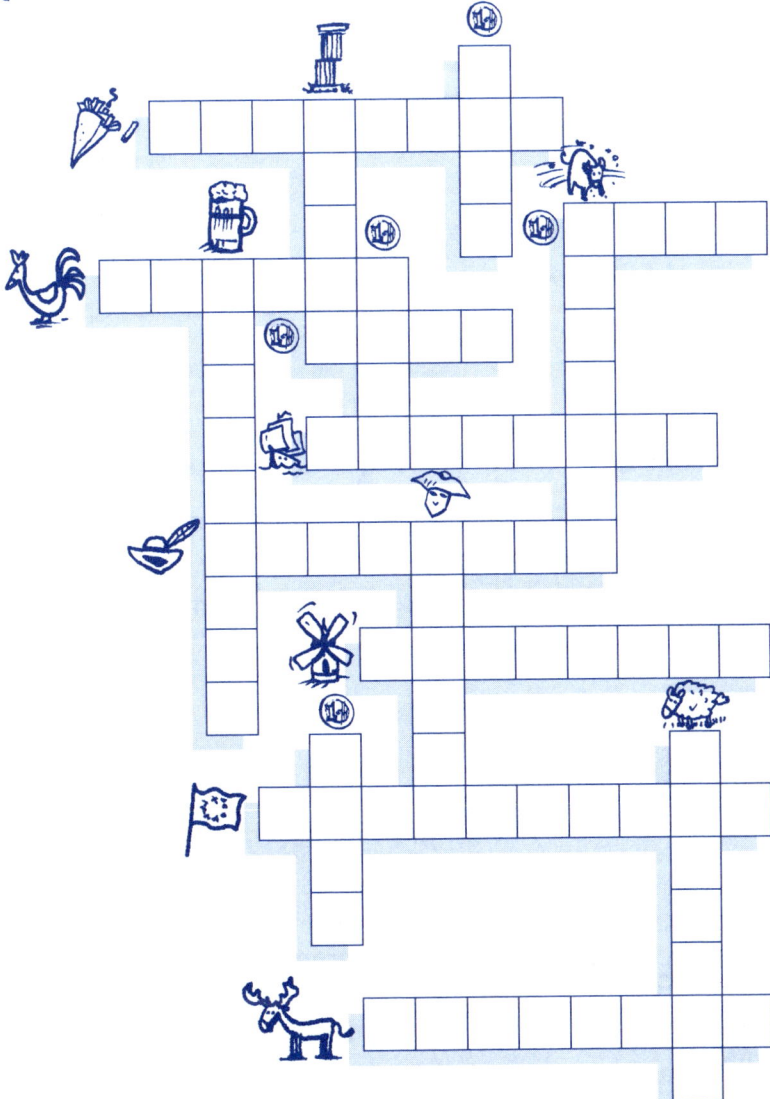

# JEUX-TESTS

▶ **Remplis cette grille fermée à l'aide des définitions suivantes :**

|   | A | B | C | D | E | F |
|---|---|---|---|---|---|---|
| 1 |   |   |   |   |   |   |
| 2 |   |   |   | ■ |   | ■ |
| 3 |   |   |   |   |   |   |
| 4 |   |   | ■ |   | ■ |   |
| 5 |   |   |   |   |   |   |
| 6 |   |   |   | ■ |   |   |

**Horizontalement :**
1. Le pays des Français.
2. Dans chaque pays, on doit lui obéir.
3. Le plus petit continent du monde.
4. Note de musique.
5. Il crache le feu en Italie.
6. Le soleil y montre le bout de son nez.
   « Une » sans sa consonne.

**Verticalement :**
A. Il coule de source.
B. Elles sillonnent les pays.
C. Il est souvent pollué par les gaz
   d'échappement.
   Les consonnes de « OUEST ».
D. Trois lettres pour tous les pays
   du monde.
E. Pointe de terre dans la mer.
   Aperçu.
F. Une mer pour les Grecs.

▶ **Réponds à ces charades et tu sauras ce qu'elles cachent.**

Mon premier est le département français dont le numéro est 83.
On transporte de l'eau avec mon deuxième.
Mon troisième est entre la naissance et la mort.
Mon tout est une ville de Pologne.

C'est _ _ _ _ _ _ _ _ .

Mon premier est une conjonction de coordination.
Mon deuxième est synonyme de « parle ».
Mon troisième tourne autour du Soleil.
Mon quatrième est le temps que met mon
troisième pour faire le tour du Soleil.
Je nage dans mon tout.

C'est la _ _ _ _ _ _ _ _ _ _ _ _ .

LA FRANCE

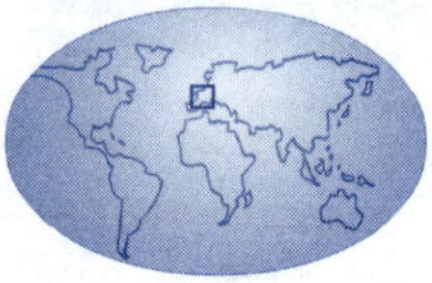

# Un tour en France

MANCHE
BELGIQUE
Lille
ALLEMAGNE
LUXEMBOURG
Rouen
(NORMANDIE)
PARIS
Strasbourg
MASSIF
ARMORICAIN
(BRETAGNE)
Seine
VOSGES
Loire
Dijon
Nantes
JURA
Saône
OCÉAN
ATLANTIQUE
Limoges
Lyon
Grenoble
MASSIF
CENTRAL
ALPES
Golfe de
Gascogne
Bordeaux
Garonne
Rhône
Nice
Vignemale
3298 m
Toulouse
PYRÉNÉES
Marseille
ESPAGNE
Corse
MER
MÉDITERRANÉE
Pic d'Aneto
3404 m

La France, à cause de sa forme, a comme surnom : l'Hexagone.

La France est le plus vaste pays d'Europe de l'ouest.

Elle mesure près de 1000 km du nord au sud et 1000 km d'est en ouest.

Les cyclistes du Tour de France découvrent des paysages variés, déterminés par la présence de l'Océan et de mers : la Manche, l'océan Atlantique, la Méditerranée et par un climat tempéré.

La France est un pays de plaines, de plateaux, et de moyennes montagnes. Seulement 7 % du territoire dépassent les 1000 mètres d'altitude.

## Le Tour de France

Le Tour de France est la plus célèbre course cycliste. Pendant environ 24 jours, plus de 120 concurrents parcourent près de 4 000 km, répartis en étapes quotidiennes. Les plus éprouvantes sont souvent celles qui traversent les régions montagneuses des Alpes et des Pyrénées. Depuis déjà plusieurs années, l'arrivée se fait sur l'avenue des Champs-Élysées à Paris.

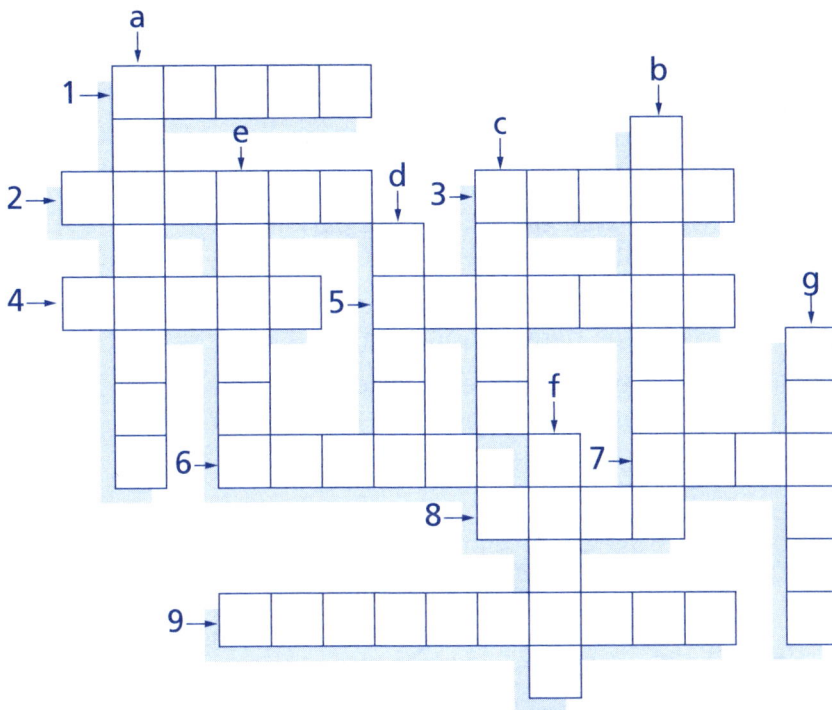

**Horizontalement :**
1. Un port breton.
2. Les coureurs en font le tour en 24 étapes.
3. Le plus long fleuve de France (il se jette dans l'Océan).
4. Ce fleuve passe sous les ponts de Paris.
5. Dans cette ville passe la Loire.
6. Elle se mélange au Rhône, à Lyon.
7. La ville où le Rhône et la Saône font connaissance.
8. Ville au bord de la Méditerranée, proche de l'Italie.
9. Ville proche de l'Allemagne.

**Verticalement :**
a. Ville sur la Garonne.
b. Dans cette ville des Alpes ont eu lieu des jeux Olympiques d'hiver.
c. Ville du nord où est né Charles de Gaulle.
d. Ville sur la Seine où Jeanne d'Arc a été brûlée.
e. Dans cette ville, la Loire n'est pas loin de l'arrivée.
f. Ville proche de la Saône et de la Seine, célèbre pour sa moutarde.
g. Une mer au nord de la France.

# La population en France

La France compte 58 600 000 d'habitants. On connaît ce chiffre par le recensement qui a lieu tous les 7 ans.

Cet inventaire est détaillé et permet donc de savoir que la population dans notre pays n'est pas également répartie.

Les habitants se concentrent dans la région parisienne où vivent environ 10 millions de personnes.

Les naissances et les décès sont inscrits dans les registres d'état civil, tenus dans chaque mairie.

Comparée aux autres pays d'Europe, la France est peu peuplée : sa densité (nombre d'habitants en moyenne au km$^2$) est plus faible.

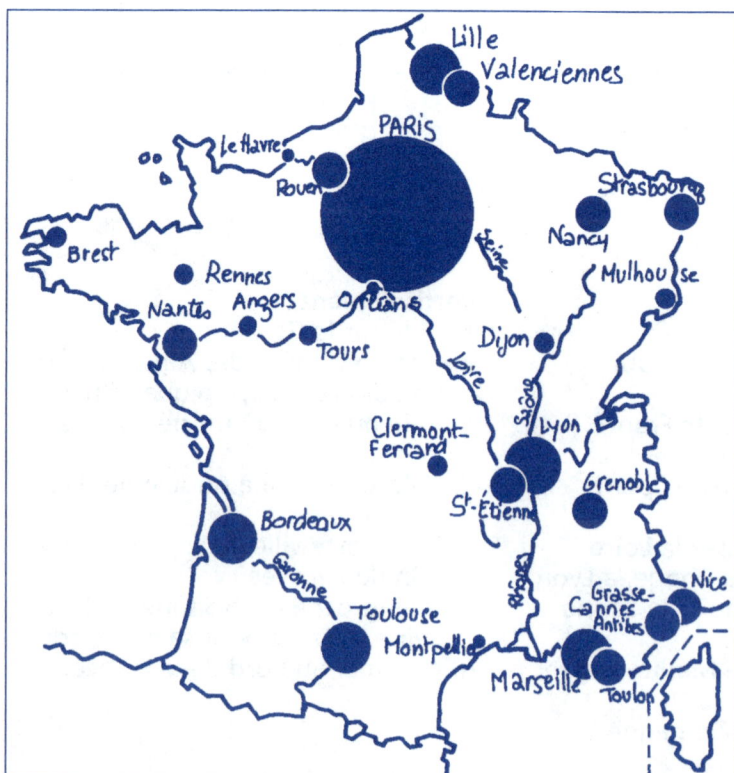

En France, 1 personne sur 4 vit en milieu rural, villages et campagne, et 3 personnes sur 4 vivent en milieu urbain (villes).

Population en milliers d'habitants

- de 200 à 300
- de 300 à 500
- de 500 à 1 200

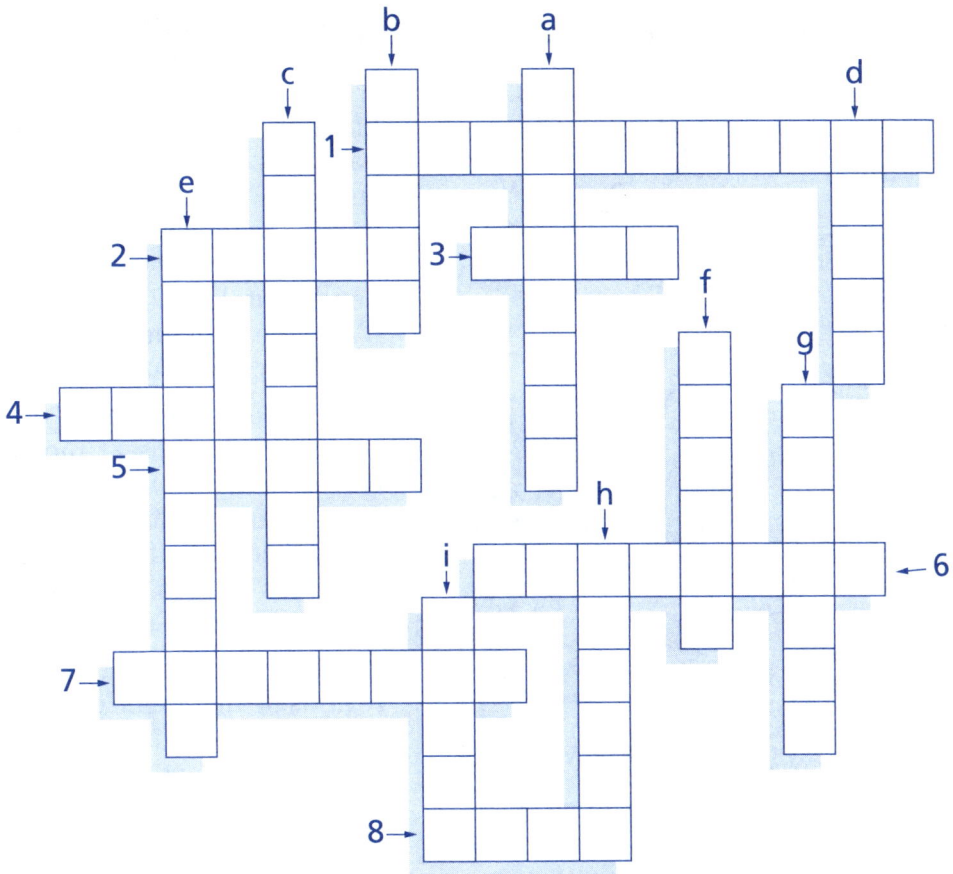

**Horizontalement :**
1. Il a lieu tous les 7 ans.
2. Ville la plus importante de France.
3. 2e ville la plus peuplée du bord de la Méditerranée.
4. Ville près de l'Espagne.
5. La plus importante ville du nord.
6. La Garonne passe sous ses ponts.
7. La ville la plus peuplée de la côte Atlantique.
8. Ses habitants sont les Lyonnais et Guignol y est né.

**Verticalement :**
a. On y inscrit les naissances et les décès.
b. Port en Bretagne.
c. Ville la plus peuplée de la Méditerranée.
d. Ville au sud de Metz.
e. Le nombre des habitants.
f. Port de la Méditerranée.
g. Nombre d'habitants au km$^2$.
h. De la ville.
i. De la campagne.

# En haut de la montagne !

En France, on rencontre des paysages de montagnes au sud et à l'est. Les « hautes montagnes » offrent un spectacle de pics et d'aiguilles dépassant les 3 000 mètres d'altitude comme dans les Pyrénées et les Alpes.

On y trouve également des sommets arrondis et moins élevés (souvent inférieurs à 2 000 mètres d'altitude) : les « moyennes montagnes » du Jura, des Vosges, du massif central et de la Corse.

L'activité économique des régions de montagne est centrée sur le tourisme : randonnée en été et surtout ski en hiver. L'élevage pour produire du fromage continue mais il est moins important qu'avant en raison du milieu de vie difficile de ces régions.

## L'ÉTAGEMENT DE LA VÉGÉTATION

Au fur et à mesure que l'altitude s'élève, les températures baissent et la végétation change et se raréfie.

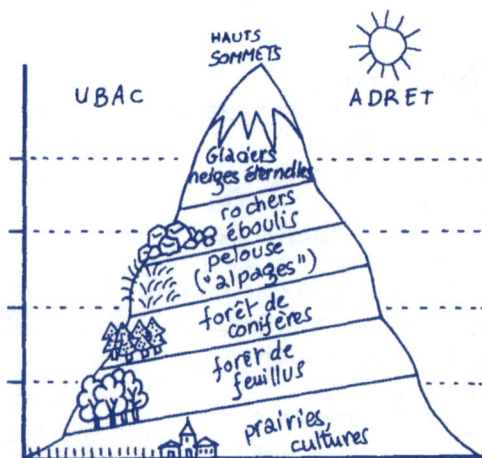

Mode vie

Autrefois, le début de l'été était marqué par la transhumance. Les éleveurs emmenaient leur troupeaux vers la montagne pour paître l'herbe fraîche des alpages et n'en revenir qu'à l'automne.

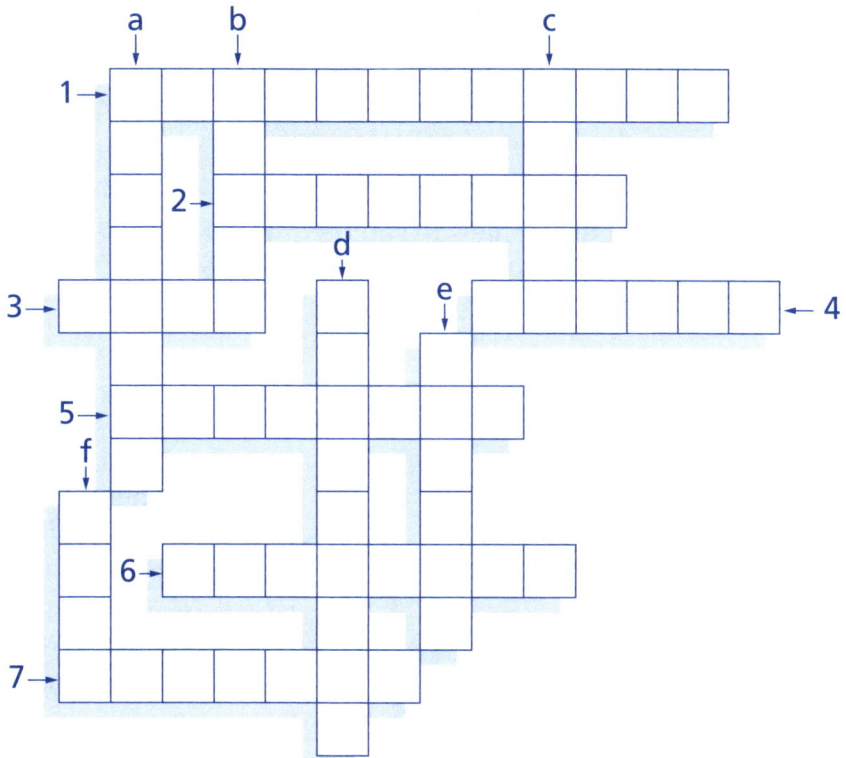

**Horizontalement :**
1. Ancienne migration périodique du bétail vers les alpages.
2. Étendues d'herbe au pied des montagnes.
3. Sommets des hautes montagnes.
4. Montagnes à l'est de la France.
5. Adjectif, au féminin pluriel, qualifiant les montagnes aux sommets arrondis.
6. Montagnes frontalières entre la France et l'Espagne.
7. Pelouses vers 2 000 mètres d'altitude que les vaches broutent en été.

**Verticalement :**
a. Principale activité économique de la montagne.
b. Montagnes où se trouve le Mont-Blanc.
c. Point culminant des Pyrénées en Espagne.
d. Végétation présente entre 1 000 et 2 000 mètres d'altitude.
e. Elles sont éternelles au-dessus de 3 000 mètres d'altitude.
f. Montagne au nord des Alpes.

# Au bord de mer

Pour se baigner, on a le choix puisque la France possède un peu plus de 3000 km de côtes dont le relief est très varié.

La côte est rocheuse et découpée sur la Côte d'Azur et en Bretagne.

En revanche, de grandes plages de sable s'étirent le long des côtes du Bassin aquitain, au sud de Bordeaux et dans le Languedoc. Le vent peut même y former des dunes.

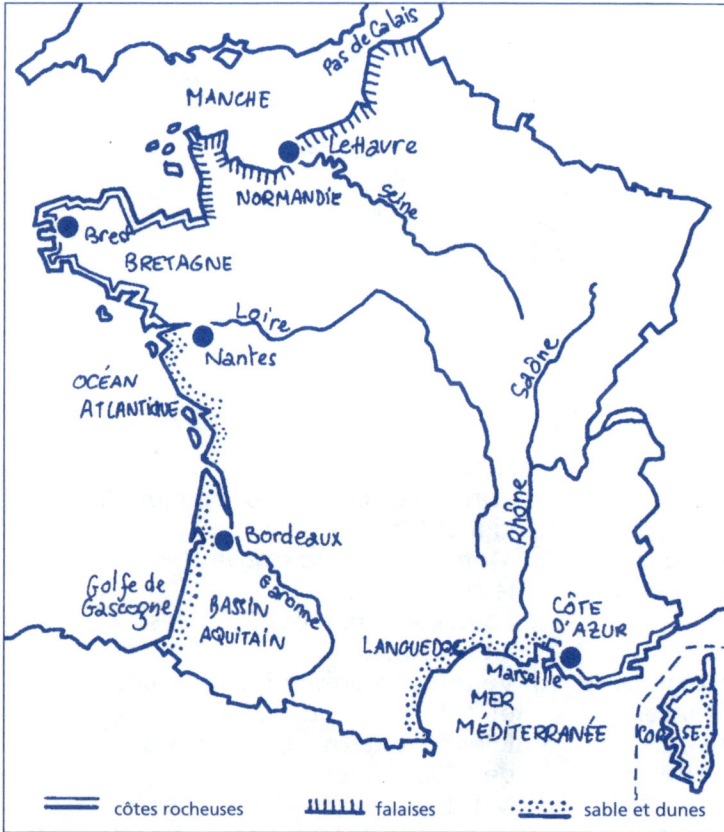

MANCHE

Pas de Calais

Le Havre

NORMANDIE

Seine

Brest

BRETAGNE

Loire

Nantes

OCÉAN ATLANTIQUE

Saône

Rhône

Bordeaux

Golfe de Gascogne

Garonne

BASSIN AQUITAIN

LANGUEDOC

CÔTE D'AZUR

Marseille

MER MÉDITERRANÉE

CORSE

⸺ côtes rocheuses    ⊥⊥⊥⊥⊥⊥ falaises    ·:·:·: sable et dunes

En Normandie, des falaises de plusieurs dizaines de mètres de haut, formées par l'érosion, font face à la Manche.

En Corse, la côte est rocheuse à l'ouest et plate et basse à l'est.

La partie de la terre qui borde la mer s'appelle le rivage, le littoral ou la côte.

Tantôt la mer s'avance dans la terre et forme un golfe, ou, s'il est plus petit, une baie.

Tantôt une pointe de terre s'avance dans la mer et forme un cap.

Le littoral est aménagé par les hommes qui y construisent des ports de pêche, de commerce ou de voyageurs, des terrains de camping et même des villes balnéaires pour les touristes.

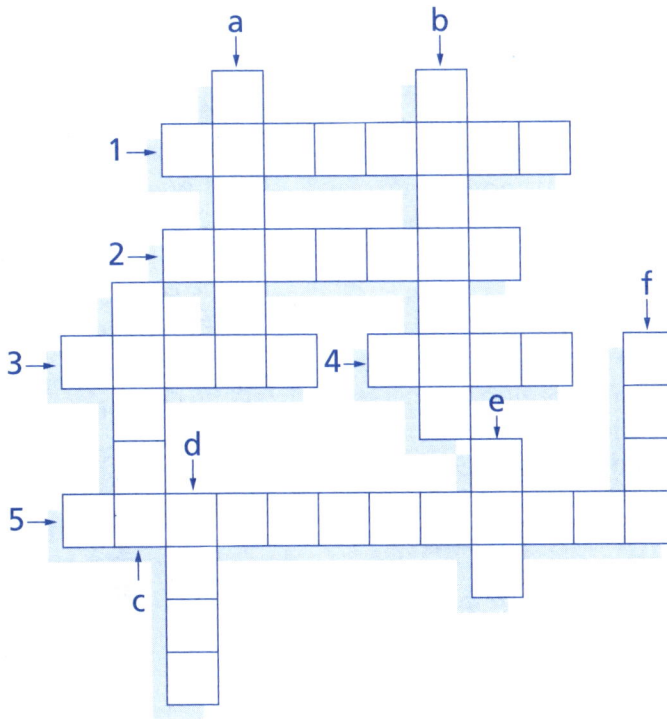

**Horizontalement :**
1. Le bord de mer.
2. Comme un mur face à la mer, comme en Normandie.
3. Elles sont tantôt rocheuses, tantôt sableuses.
4. Il accueille les navires.
5. La mer, au sud de la France.

**Verticalement :**
a. Le bord de mer.
b. Elle provoque l'usure du relief.
c. La mer dans la terre.
d. Colline de sable.
e. La terre dans la mer.
f. Un petit golfe.

# Les régions françaises

La France est divisée en 22 régions depuis 1956. Depuis 1992, une loi permet aux régions d'avoir leur propre budget. C'est un groupe de personnes, le Conseil régional, qui prend les décisions comme la construction de routes, l'aménagement sportif et même la construction des lycées. Les membres du Conseil régional sont élus par les habitants de la région. Chaque région est formée de plusieurs départements et possède une préfecture de région.

## En remontant le temps...

Chaque région a ses particularités, ses coutumes, comme la gastronomie. Avant que le français ne devienne la langue officielle de la France, les hommes ne parlaient pas forcément la même langue ou le même dialecte d'une région à l'autre. Les régions essaient maintenant de conserver un peu de cette originalité.
Si tu pars en vacances en France, tu mangeras une bonne choucroute à Strasbourg, un bon aïoli en Provence, des crêpes excellentes en Bretagne, à moins que tu ne préfères un cassoulet de la région de Toulouse ou quelques bonnes quiches lorraines.

Par exemple : la Corse est une région formée de deux départements, la Haute-Corse et la Corse du Sud. Sa superficie est de 8680 km$^2$ et sa population est d'environ 260 000 habitants.

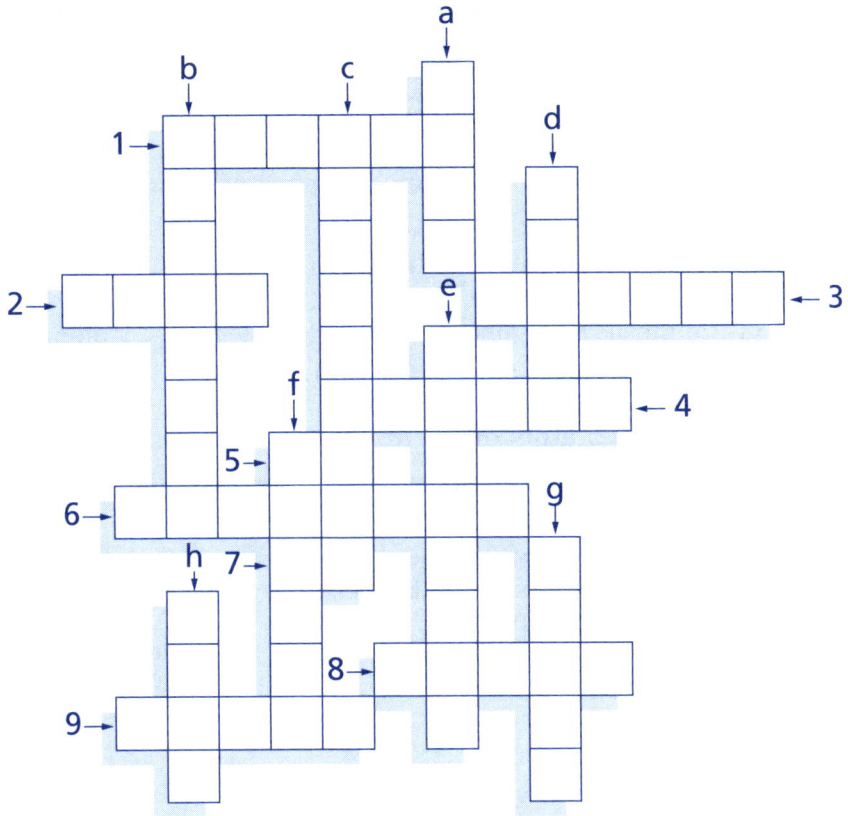

**Horizontalement :**
1. Strasbourg est sa préfecture de région.
2. Ville de Normandie.
3. Tu la mangeras en Lorraine.
4. Les habitants de cette ville sont picards.
5. Négation.
6. La préfecture de la région proche de la Suisse.
7. Négation.
8. Un plat provençal à base d'ail.
9. Une région en pleine mer.

**Verticalement :**
a. Préfecture de la région Lorraine.
b. Une région entre la Bourgogne et le Languedoc.
c. La Garonne et la Dordogne traversent cette région.
d. Préfecture normande.
e. La région de Limoges.
f. La Loire passe sous ses ponts.
g. Dans cette ville du Nord-Pas de Calais est né Charles de Gaulle, ancien président de la République.
h. Cette ville est traversée par le Rhône et la Saône.

# La France dans le monde

La France métropolitaine a une forme hexagonale. Mais la France, ce sont également des îles et des terres à des milliers de kilomètres de Paris, la capitale. Ces terres sont situées dans des régions chaudes et humides ou dans des zones froides.

On les appelle départements d'outre-mer (D.O.M. : la Martinique, la Guadeloupe, la Guyane française, la Réunion) ou territoires d'outre-mer (T.O.M. : la Polynésie française, la Nouvelle-Calédonie, Wallis et Futuna). Mayotte, Saint-Pierre-et-Miquelon, les îles australes (les îles Kerguelen, Crozet, de Saint-Paul et de la Nouvelle-Amsterdam) et antarctiques (la terre Adélie) ont des statuts différents des D.O.M.-T.O.M.

La France est ainsi présente dans tous les océans du globe.

Grâce au climat, bananes et autres fruits tropicaux peuvent pousser en Martinique et en Guadeloupe.

Saint-Pierre-et-Miquelon sont des îles peu peuplées, au climat froid.

Dans la grande île de la Réunion, le Piton de la Fournaise est un volcan aux éruptions spectaculaires.

## Vocabulaire

**Atoll :** île du pacifique en forme d'anneau, faite de coraux.
**Métropole :** partie d'un pays, où se trouve la capitale, à laquelle se rattache un département ou territoire éloigné.

Au beau milieu du Pacifique, les atolls de Polynésie et de Tahiti sont un paradis pour les touristes.

En Guyane, l'Enfer vert est la plus vaste forêt que possède la France : épaisse et toujours verte. C'est de là que partent les fusées Ariane.

Dans le rude climat des îles Kerguelen, tout au sud de l'océan Indien, vivent plus de manchots que d'hommes.

La Terre Adélie est une base scientifique.

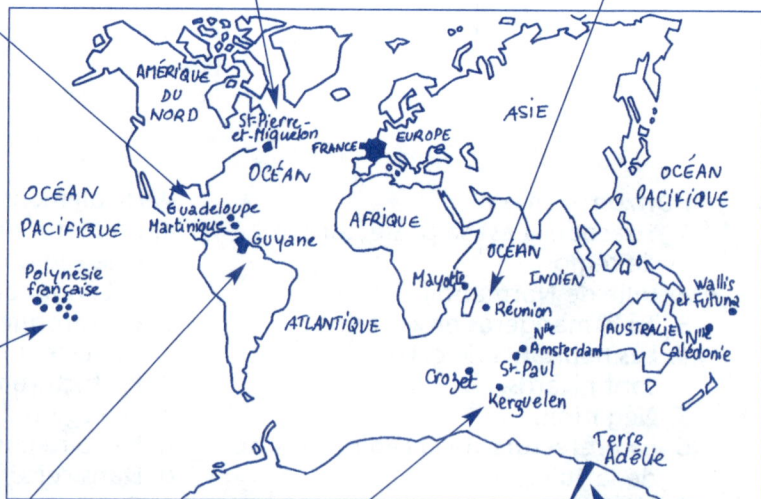

**Horizontalement :**
1. Initiales de département d'outre-mer.
2. Une île près du Canada.
3. Le Piton de la Fournaise y gronde.
4. Une île au sud-est de l'Afrique.
5. Île du Pacifique en forme d'anneau.
6. Îles au climat rude et peuplées de manchots.
7. Une terre française en Antarctique.
8. Le contraire de chaudes.

**Verticalement :**
a. Un des quatre points cardinaux.
b. Un autre point cardinal : le Soleil s'y couche.
c. Île française d'Amérique centrale.
d. Une autre île française près du Canada.
e. La capitale de la France.
f. Territoire français d'Amérique du Sud.
g. Territoire dans le Pacifique composé de nombreuses îles.
h. Initiales de territoire d'outre-mer.
i. Point cardinal : le Soleil s'y lève.
j. La Réunion en est une.
k. Le point cardinal qui reste à placer.

# D'Europe en Afrique

Le sport n'a pas de frontière et quand les sportifs de pays différents s'affrontent, ils le font toujours avec courtoisie.

Toutes les années se dispute la célèbre course PARIS-DAKAR. Voici le trajet de ce fameux rallye, en 1998 (du 1er au 18 janvier).

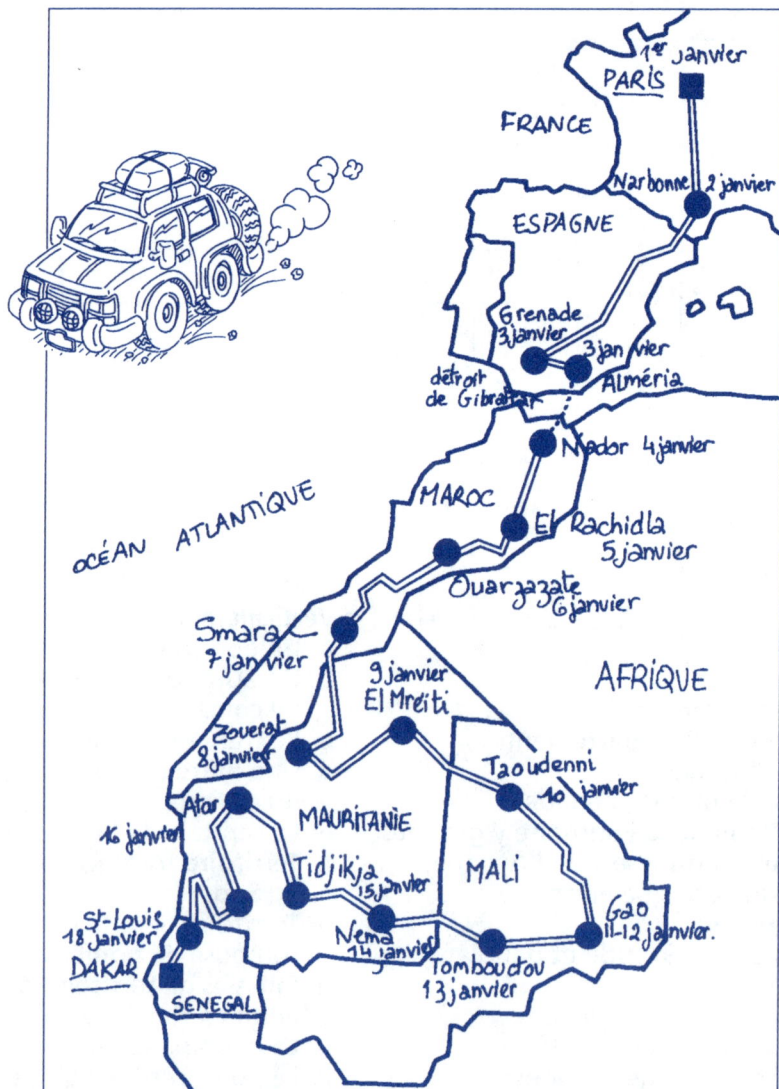

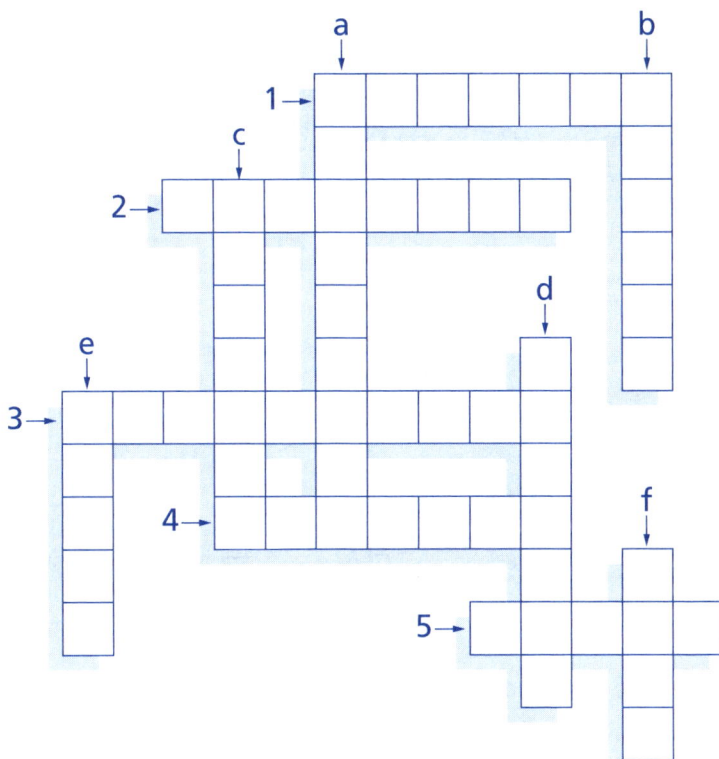

**Horizontalement :**
1. Première étape espagnole du rallye.
2. Première étape du rallye au sud de la France.
3. Les coureurs se trouvent dans ce pays le 8 janvier.
4. Nom du continent traversé par les coureurs à partir du 4 janvier.
5. Ville d'arrivée de la course.

**Verticalement :**
a. Nom du détroit que les coureurs ont traversé en bateau pour aller au Maroc.
b. Nom du continent d'où part la course.
c. Dernière ville espagnole traversée.
d. Pays dans lequel se déroule l'arrivée de la course.
e. Pays d'Afrique au bord de l'océan Atlantique, que la course traverse du 4 au 7 janvier.
f. Tombouctou est une ville de ce pays.

# JEUX-TESTS

▶ **Dans chaque banderole se cachent deux noms de villes françaises. Trouve-les et entoure-les.**

TILTATOULOUSEORDIJONLO

MARSEILLEPARISTABLE

LOIRENANTESADROUENG

MNICELVORLEANSTB

▶ **Un intrus figure dans cette liste. Retrouve-le et barre-le.**

PYRÉNÉES

ALPES

MASSIF CENTRAL

JURA

VOSGES

VÉSUVE

▶ **Chaque mot, à part le premier, commence par la fin du mot précédent. (Exemple : FLEUVE VENUS, etc.)**

**Remplis les cases à l'aide des définitions suivantes :**

| 1 | 2 | 3 | 4 | 5 | 6 | 7 | 8 | 9 | 10 | 11 | 12 | 13 |
|---|---|---|---|---|---|---|---|---|----|----|----|----|
|   |   |   |   |   |   |   |   |   |    |    |    |    |

de 1 à 5 : capitale de la France.

de 5 à 9 : fleuve qui passe par la capitale française.

de 9 à 13 : elles sont éternelles sur le Mont-Blanc.

L'AFRIQUE

# L'Afrique du Nord

## Vocabulaire

**Maghreb** : région d'Afrique du Nord formée par le Maroc, l'Algérie et la Tunisie.

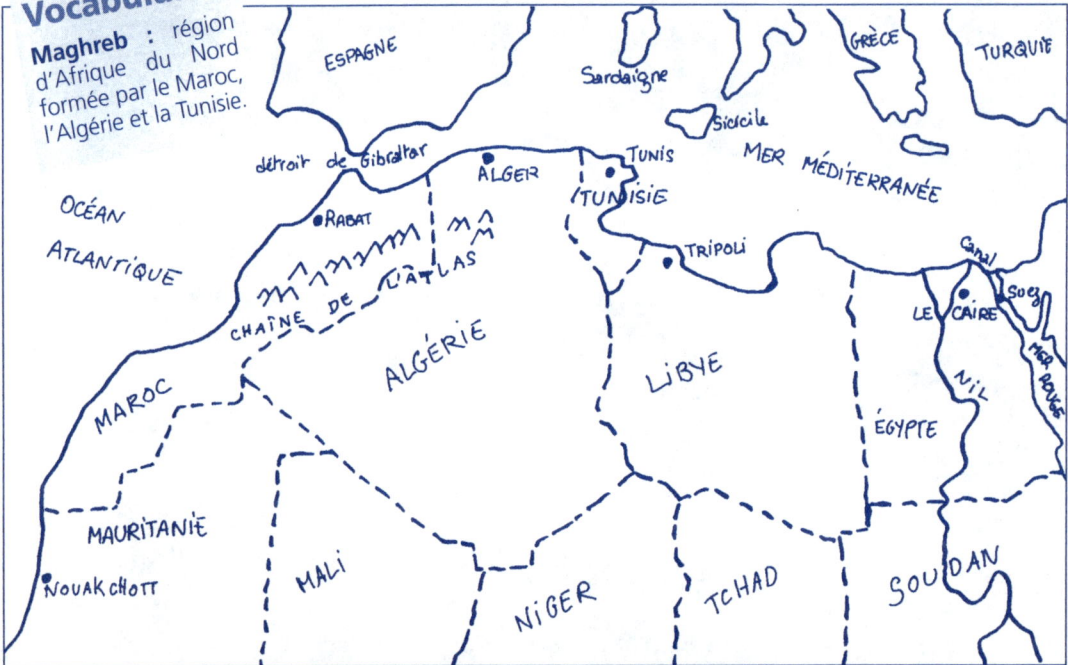

L'Égypte, la Libye, la Tunisie, l'Algérie et le Maroc sont situés au nord de l'Afrique. La plupart ,des habitants de ces pays est concentrée le long des plaines côtières fertiles où sont implantées presque toutes les villes.

L'étroite vallée du Nil est habitée par les Égyptiens depuis plus de 5 000 ans. C'est aujourd'hui une des régions les plus peuplées du monde. La capitale de l'Égypte, Le Caire, est d'ailleurs la plus grande ville africaine.

Au nord-ouest se trouve la chaîne rocheuse de l'Atlas.

Le reste de l'Afrique du nord, de la côte Atlantique à la vallée du Nil, est quasi désertique. Des gisements de pétrole, de gaz naturel et de nombreux minerais ont été découverts et y sont exploités. L'exportation de ces matières premières donne une chance à ces pays de développer leur industrie.

Texte extrait de *Atlas des pays du monde*, par J. Wood, © Casterman / Quarto.

Place dans cette grille le nom
des pays d'Afrique du nord.
(Un conseil : cherche d'abord à placer
le nom de 6 lettres.)

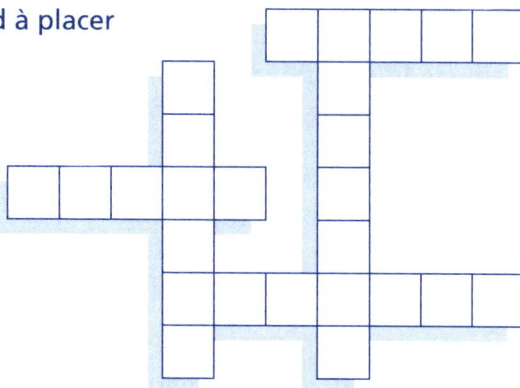

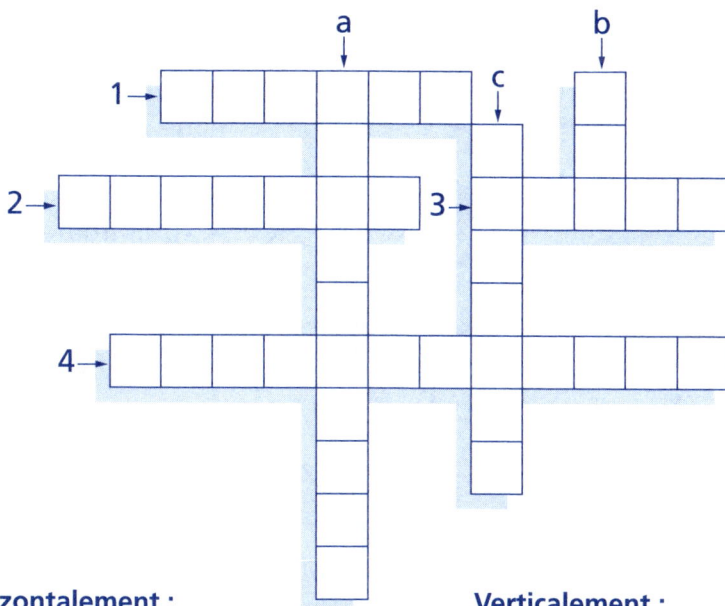

**Horizontalement :**
1. Le plus vaste désert
   du monde.
2. Liquide huileux extrait du sol
   surnommé « or noir ».
3. Montagne d'Afrique du Nord.
4. Mer qui borde les côtes d'Afrique
   du Nord.

**Verticalement :**
a. Nom de l'océan situé à l'ouest
   de l'Afrique.
b. Nom du fleuve qui traverse
   l'Égypte.
c. Nom de la région d'Afrique formée
   par 3 pays situés au nord-ouest.

# Le Sahara

«David ferme le livre qu'il vient de terminer et se tourne vers sa sœur :
– Plus tard, j'aimerais traverser le Sahara.
– Le Sahara, cette immense mer de sable, le plus grand désert au monde ?
mais... tu y mourrais de soif.
– Le Sahara est bien le plus grand désert du monde avec ses 8 millions de
km$^2$ de superficie. Mais il n'est pas couvert de sable partout. Une maigre
végétation, que les dromadaires broutent, pousse en de rares endroits. Les
nomades y plantent leurs tentes.
– C'est bien ce que je dis, continue Caroline, tu mourrais de soif.
– Mais il y a des endroits où l'eau est présente dans le sous-sol. On la
recueille grâce à des puits. Autour de ces puits poussent de hauts pal-
miers-dattiers et se forment des oasis. Là, les habitants, souvent d'anciens
nomades, comme les Touaregs qui se sédentarisent, vivent dans de petites
maisons blanches et font des cultures qu'ils irriguent inlassablement.

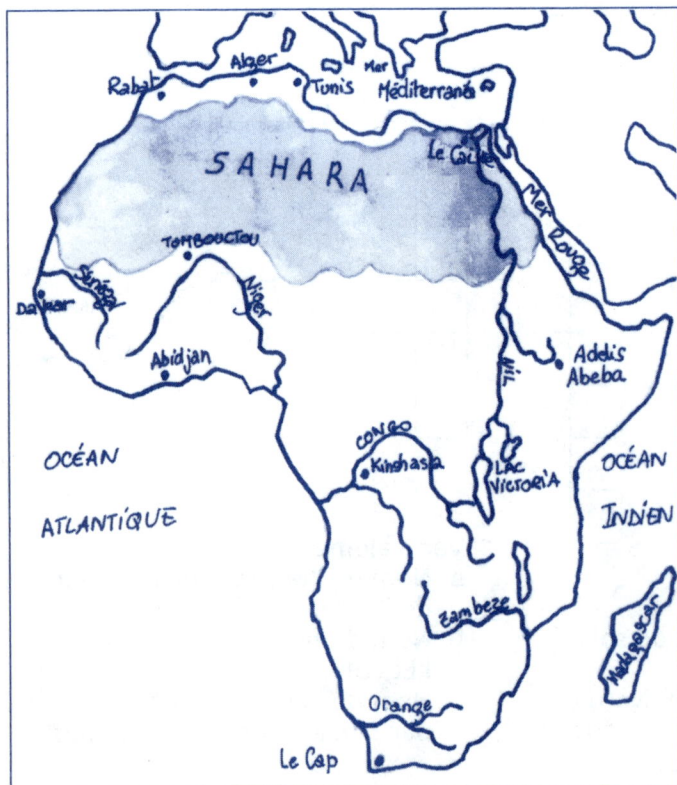

– Alors tu mourrais
de froid, car j'ai lu
dans une encyclopé-
die qu'il peut geler la
nuit au Sahara.
– Tu as toujours rai-
son! dit David.
Et il va se servir un
grand verre d'oran-
geade bien fraîche!»

*Malgré la présence
du plus grand désert
du monde, qui ne
cesse de s'agrandir,
l'Afrique est aussi
traversée par
de puissants fleuves.*

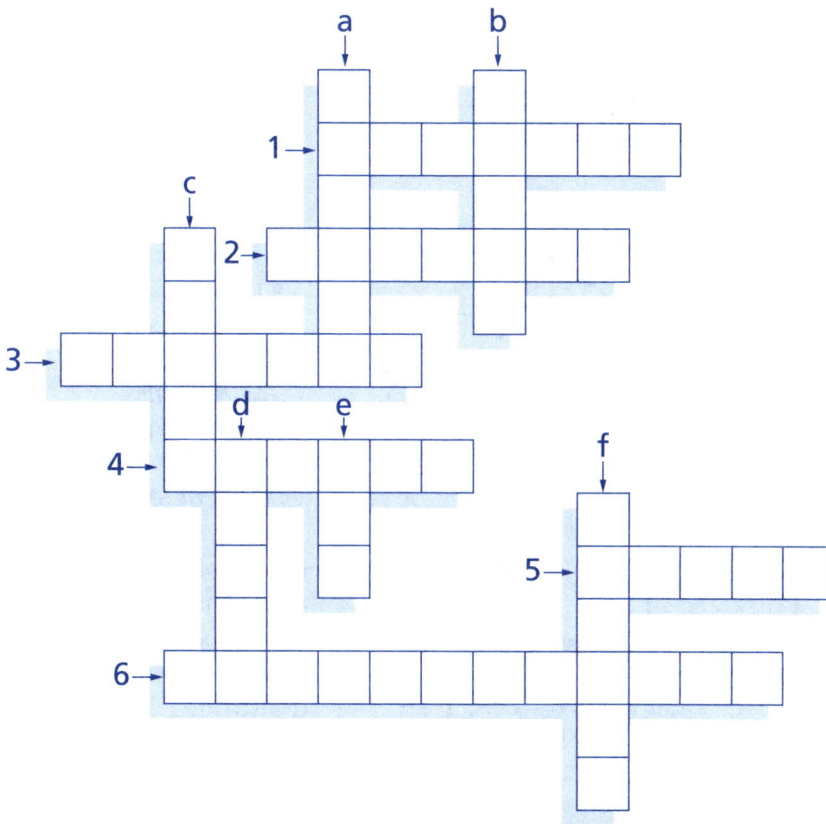

**Horizontalement :**
1. Nom de ce continent.
2. Fleuve qui se jette dans l'océan Indien en face de Madagascar.
3. Fleuve qui se jette dans l'Atlantique au-dessus de Dakar.
4. Fleuve d'Afrique du Sud.
5. Endroit, dans un désert, où l'eau et la flore existent.
6. Nom de la mer entre l'Afrique et l'Europe.

**Verticalement :**
a. Le plus grand désert du monde.
b. Fleuve qui passe par Tombouctou.
c. Fleuve qui passe par Kinshasa.
d. Nom de la mer qui sépare l'Afrique et l'Asie.
e. Fleuve qui se termine en delta et se jette dans la Méditerranée.
f. Personne qui n'a pas de maison fixe.

# La Côte d'Ivoire

La Côte d'Ivoire est un pays d'Afrique équatoriale. C'est un état francophone, ce qui veut dire que la majorité des habitants parle et comprend le français.

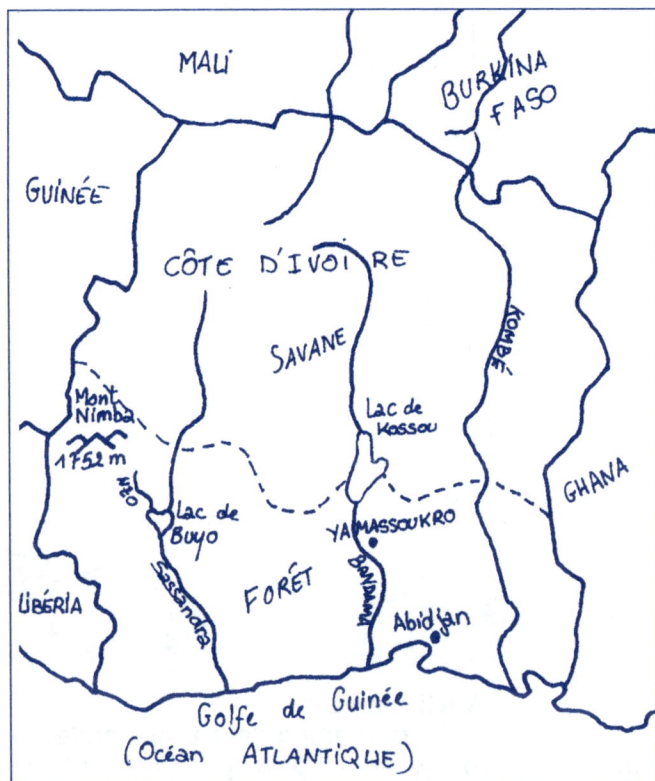

*Carte d'identité*

• Capitale :
*Yamoussoukro, mais Abidjan est la ville la plus peuplée avec 2,5 millions d'habitants. Des raffineries de pétrole y ont été implantées.*
• Population :
*15 millions d'habitants.*
• Superficie :
*323 000 km².*
• Signe particulier :
*de nombreux fleuves irriguent le pays.*

Le relief du pays est peu accidenté sauf dans le nord-ouest où le mont Nimba atteint 1752 mètres d'altitude.

Dans le nord, dans la savane, la saison sèche peut durer 6 mois par an. On y cultive des céréales comme le mil et le sorgho. Les paysans élèvent aussi des chèvres et des volailles.

Les peuples Malinkés et Sénoufos vivent dans la savane. Les Baoulés vivent dans la forêt très dense, qui couvre le sud du pays. Des pluies abondantes tombent 9 mois par an.

Les paysans récoltent le manioc et les patates douces. Ils possèdent aussi des champs de caféiers et de cacaoyers.

Depuis son indépendance, le gouvernement ivoirien favorise la culture du cacao, du café et des ananas. La vente de ces produits aux pays étrangers permet d'équiper le pays : construction de routes, d'usines et d'écoles.

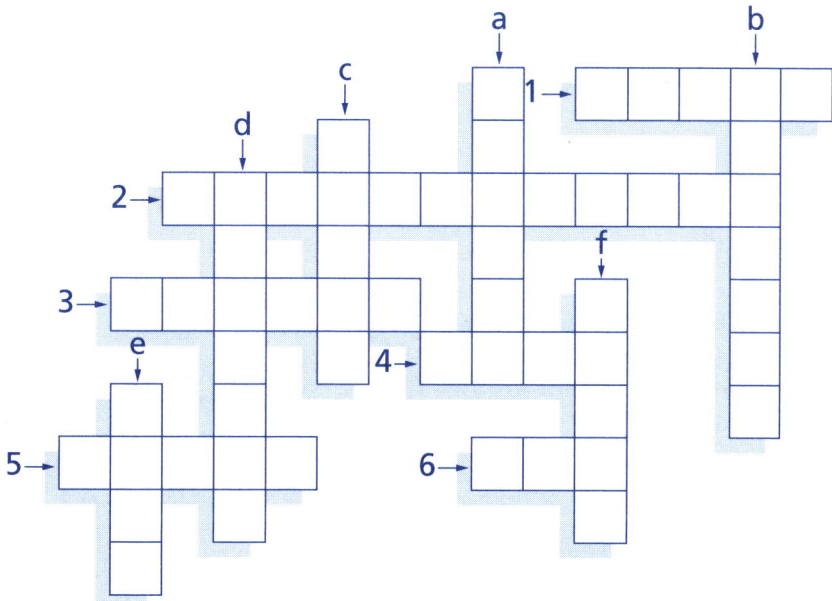

**Horizontalement :**
1. L'endroit le plus haut du pays.
2. La capitale.
3. Pays voisin ayant donné son nom au golfe.
4. Un lac, à l'ouest.
5. Il sert à fabriquer le chocolat.
6. Il donne son eau au lac Buyo.

**Verticalement :**
a. Nom du lac situé au centre du pays.
b. Ils vivent dans la forêt.
c. Elle couvre le sud du pays.
d. Plus de deux millions d'Ivoiriens vivent dans cette ville.
e. On le récolte en Côte d'Ivoire et il arrive dans nos tasses.
f. Ce fleuve traverse l'est du pays du nord au sud.

# L'Égypte

## Carte d'identité

- Capitale : *Le Caire.*
- Population : *plus de 64 millions.*
- Superficie : *environ 2 fois la France.*
- Langue officielle : *arabe.*
- Particularité : *le Nil, plus long fleuve du monde, se jette dans la mer Méditerranée en formant un delta qui est un peu moins grand que la Bretagne.*

## Carnet de voyage

L'Égypte est le pays des pharaons. Les pyramides sont leurs tombeaux. Les trois plus grandes se trouvent à Gizeh : celles de Chéops, Chéphren et Mykérinos. Elles ont été construites il y a environ 4 000 ans.

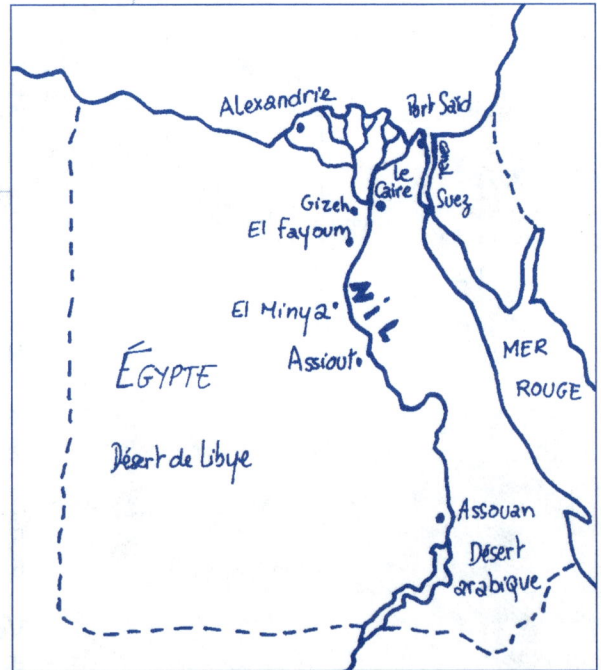

La quasi-totalité de la population vit dans la vallée du Nil. Ce fleuve, long de 6 700 km, fertilise une large bande de terre au milieu du désert.

Ses crues rythment la vie du pays. Des barrages y ont été construits pour capter et redistribuer les eaux de pluie et permettre ainsi une meilleure irrigation des terres. De nouvelles cultures ont pu être développées : la canne à sucre et du coton d'une très bonne qualité. Le plus grand de ces barrages est celui d'Assouan. Quand il est plein, l'étendue de la réserve d'eau est aussi grande que la Belgique.

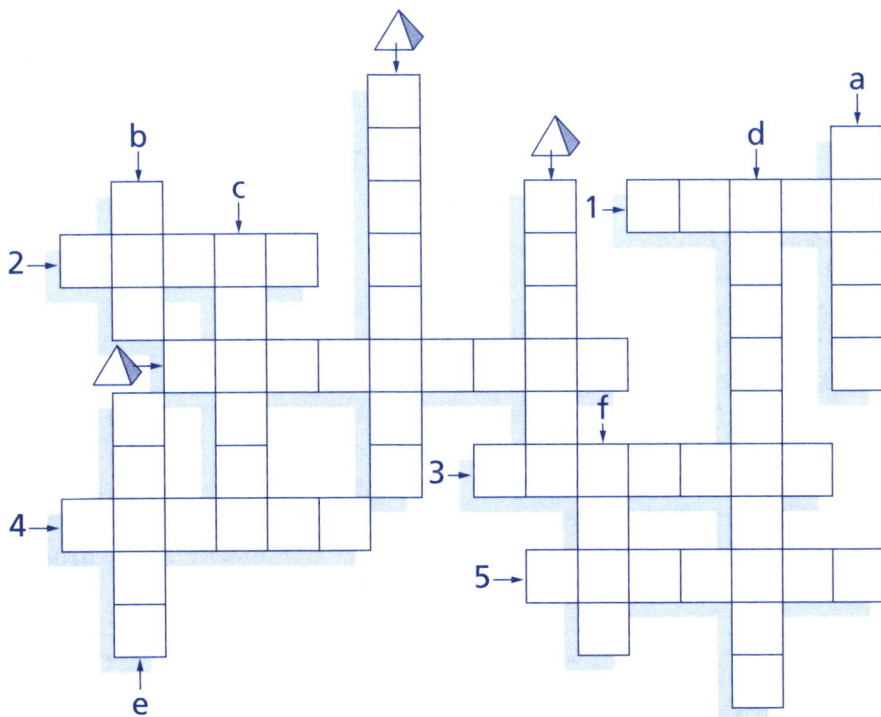

Place, dans les cases repérées par △▸, les noms des pharaons qui ont commandé les plus grandes pyramides.

**Horizontalement :**
1. Capitale du pays.
2. Lieu où sont implantées les trois grandes pyramides.
3. Ville où se trouve le plus grand barrage égyptien.
4. Du sable, du sable, du sable.
5. On le dit d'une terre riche où les plantes poussent bien.

**Verticalement :**
a. Nom du type de l'embouchure du Nil.
b. Grand fleuve d'Égypte.
c. Pays des pharaons.
d. Arrosage des champs, des cultures.
e. Contraire de vide.
f. Le canal qui relie la mer Méditerranée à la mer Rouge.

# L'Afrique noire

L'Afrique noire commence au sud du Sahara. Cette partie de l'Afrique est ainsi nommée car la population y est noire alors que les habitants de l'Afrique du Nord sont blancs.

Le Congo et l'Ouganda sont deux pays d'Afrique noire, situés au centre de ce continent.

## Carte d'identité

- Nom : *République populaire du Congo.*
- Capitale : *Brazzaville.*
- Langue officielle : *français.*
- Population : *environ 2 millions d'habitants dont la plupart dans la capitale.*
- Superficie : *plus de la moitié de la France (342 000 km²).*
- Activités économiques : *agriculture (manioc), mais sa principale ressource est le pétrole.*
- Particularité : *pays traversé par l'Équateur et par de nombreux cours d'eau.*

## Carte d'identité

- Nom : *Ouganda.*
- Capitale : *Kampala.*
- Langue officielle : *anglais.*
- Population : *environ 20 millions d'habitants.*
- Superficie : *un peu moins de la moitié de la France (237 000 km²)*
- Activités économiques : *café, canne à sucre, thé et coton.*
- Particularité : *pays drainé par le Nil.*

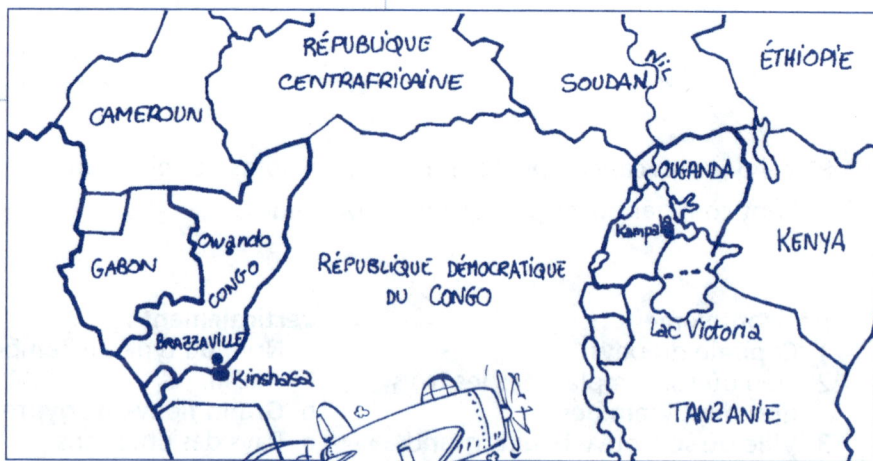

Je vole vers l'Est !

Entre le Congo et l'Ouganda, je survole un pays 4 fois plus grand que la France : la République Démocratique du Congo, anciennement le Zaïre.

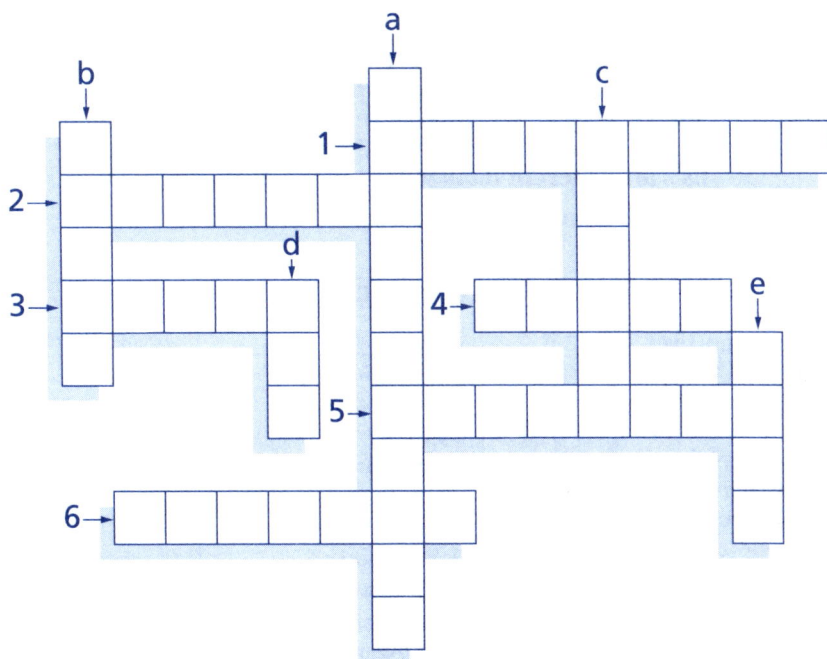

**Horizontalement :**

1. Richesse d'un pays, élément de sa puissance.
2. Kampala en est la capitale.
3. Pays d'Afrique noire, à l'ouest du Congo.
4. Un pays voisin de l'Ouganda, au nord-est du lac Victoria.
5. Un grand lac, traversé par le Nil.
6. Capitale de l'Ouganda.

**Verticalement :**

a. Capitale du Congo.
b. Les Congolais habitent ce pays.
c. Ville du nord du Congo.
d. Ce fleuve coule en Ouganda, puis au Soudan et en Égypte.
e. On en produit en Ouganda.

# Ça c'est du sport !

**C'est le baron Pierre de Coubertin
qui a eu l'idée de relancer les jeux olympiques initiés dans l'Antiquité.
Ainsi, à Athènes, en 1896, 81 athlètes venus de pays du monde entier
se mesurèrent à 230 grecs.
Ils s'affrontèrent dans 9 disciplines différentes.**

**Qui gagna ? le sport très certainement…**

**Les premières rencontres sportives ont eu lieu à Olympie, en Grèce antique, au VIIIe siècle av. J.-C. Les sportifs étaient essentiellement des lutteurs, des athlètes et des gymnastes.**

*Tous les 4 ans (sauf pendant les deux guerres mondiales), les jeux olympiques constituent le plus grand événement sportif de la planète.*

*Des milliards de téléspectateurs les suivent en direct sur les chaînes de télévision.*

## LES VILLES DES JEUX OLYMPIQUES

| | Jeux d'été | Jeux d'hiver |
|---|---|---|
| 1896 | Athènes (Grèce) | |
| 1900 | Paris (France) | |
| 1904 | Saint-Louis (Etats-Unis) | |
| 1908 | Londres (Grande-Bretagne) | |
| 1912 | Stockholm (Suède) | |
| 1920 | Anvers (Belgique) | |
| 1924 | Paris (France) | Chamonix (France) |
| 1928 | Amsterdam (Pays-Bas) | Saint-Moritz (Suisse) |
| 1932 | Los Angeles (États-Unis) | Lake Placid (Etats-Unis) |
| 1936 | Berlin (Allemagne) | Garmisch-Partenkirchen (Allemagne) |
| 1948 | Londres (Grande-Bretagne) | Saint-Moritz (Suisse) |
| 1952 | Helsinki (Finlande) | Oslo (Norvège) |
| 1956 | Melbourne (Australie) | Cortina d'Ampezzo (Italie) |
| 1960 | Rome (Italie) | Squaw valley (Etats-Unis) |
| 1964 | Tokyo (japon) | Insbruck (Autriche) |
| 1968 | Mexico (Mexique) | Grenoble (France) |
| 1972 | Munich (Allemagne) | Sapporo (japon) |
| 1976 | Montréal (Canada) | Insbruck (Autriche) |
| 1980 | Moscou (URSS) | Lake Placid (États-Unis) |
| 1984 | Los Angeles (États-Unis) | Sarajevo (Yougoslavie) |
| 1988 | Séoul (Corée du sud) | Calgary (Canada) |
| 1992 | Barcelone (Espagne) | Albertville (France) |
| 1994 | | Lillehammer (Norvège) |
| 1996 | Atlanta (États-Unis) | |
| 1998 | | Nagano (Japon) |
| 2000 | Sydney (Australie) | |
| 2002 | | Salt Lake City (Etats-Unis) |
| 2004 | Athènes (Grèce) | |

Le drapeau des jeux olympiques

INTERNATIONAL

100

## Horizontalement

1. C'est là que se sont déroulés les premiers jeux.
2. Il a remis les jeux à la mode.
3. Ville de Grèce.
4. On y a disputé des jeux d'hiver, en France.
5. Ville des États-Unis ;
6. Les sportifs y étaient en 1988.
7. Ville d'Espagne.
8. Pas d'hiver.

## Verticalement

a. Pays où sont nés les jeux olympiques.
b. Prénom du Baron de Coubertin.
c. Une capitale d'Europe, également ville olympique (un conseil : compte les lettres).
d. Ville d'Allemagne.
e. La flamme olympique s'y est allumée en 1920.
f. On y parle italien.
g. Le ski y a été discipline olympique.

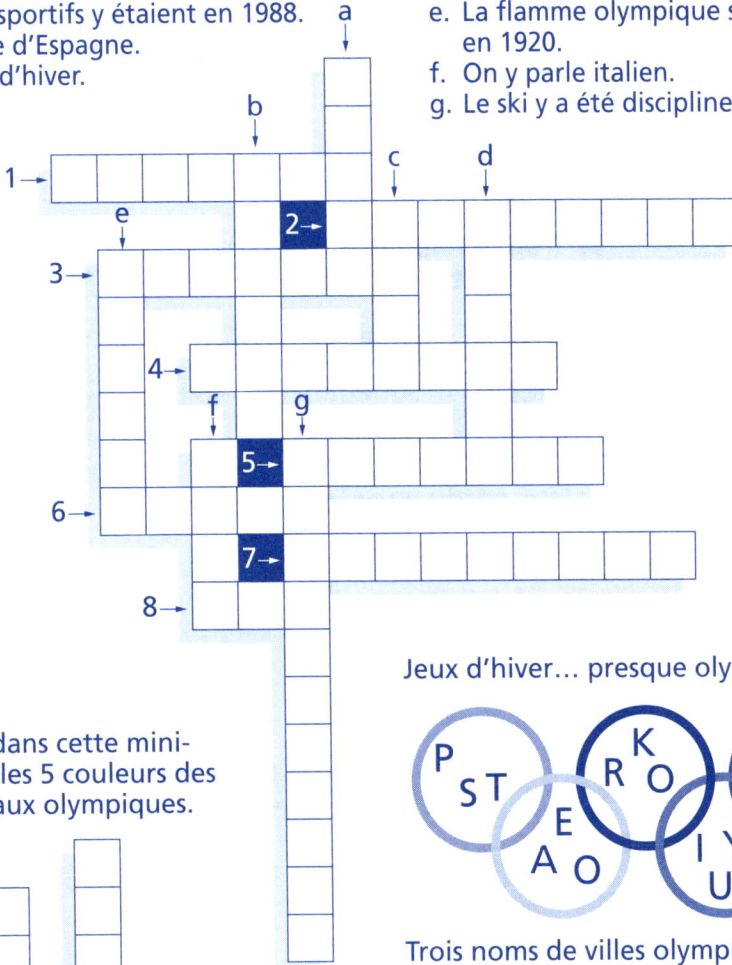

Écris dans cette mini-grille les 5 couleurs des anneaux olympiques.

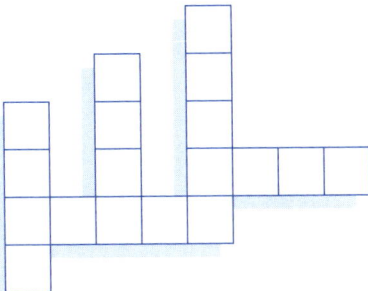

Jeux d'hiver… presque olympiques !

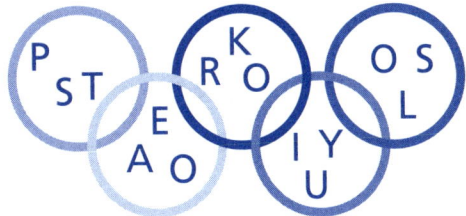

P S T E A O R O K I Y U O S L

Trois noms de villes olympiques se cachent dans les anneaux. Prends une lettre par anneau pour les découvrir.

P ................................
S ................................
T ................................

▶ **Déchiffre cette charade.**

Mon premier est un déterminant possessif.
Mon deuxième est une voyelle.
Mon troisième est un rongeur.
Mon tout est un immense désert de sable.

C'est le : _ _ _ _ _ _

▶ **Trouve le pays intrus qui ne doit pas figurer dans cette liste et barre-le.**

| | | | |
|---|---|---|---|
| Égypte | Nigeria | Chili | Soudan |
| Niger | Sénégal | Mali | Congo |

▶ **Ces pays d'Afrique ont perdu leurs voyelles. Retrouve-les.**

K _ N _ _  → .........................
RW _ ND _  → .........................
S _ M _ L _ _  → .........................

▶ **Retrouve deux pays d'Afrique du Nord qui ont mélangé leurs lettres.**

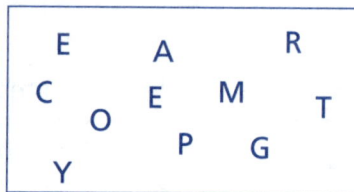

```
   E        A        R
C      E       M        T
    O      P     G
Y
```

_ _ _ _ _  et  _ _ _ _ _ _

# L'ASIE

# Le Moyen-Orient

On appelle *Moyen-Orient* ou *Proche-Orient* la région située à la charnière des continents africain et asiatique et qui regroupe les pays d'Asie occidentale.

Les principaux pays du Moyen-Orient sont :
la Turquie, avec Ankara comme capitale ;
l'Iran, avec Téhéran comme capitale ;
l'Arabie Saoudite, avec Riyad comme capitale ;
l'Irak, avec Bagdad comme capitale
et la Syrie, avec Damas comme capitale.

## Vocabulaire

**Occident :** nom qui vient du latin *occidens* et qui signifie « soleil tombant » (le soleil se couche à l'ouest). L'adjectif **occidental** qualifie donc des endroits situés à l'ouest par rapport à un lieu donné.

Au total, cette région couvre 5 millions de km$^2$, soit un peu moins de 10 fois la France, et compte environ 200 millions d'habitants.
Ces hommes vivent principalement sur le littoral ou dans les terres les plus fertiles : les rives du Tigre et de l'Euphrate.

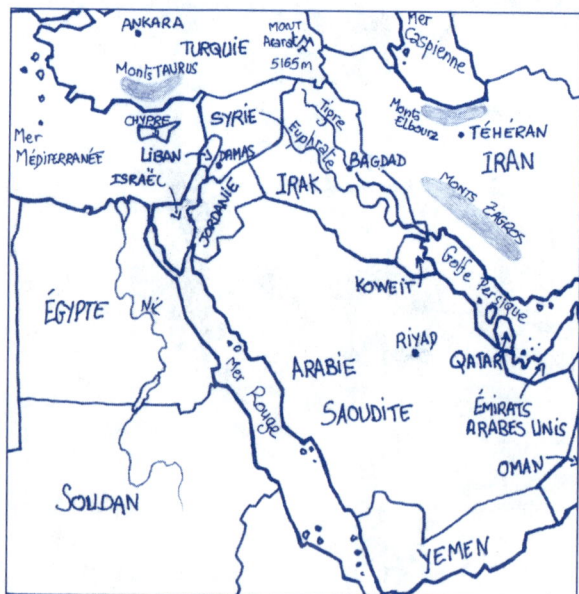

Plus de la moitié des réserves mondiales de pétrole est dans le sous-sol des déserts du Moyen-Orient. Mais les secteurs industriels et agricoles restent peu développés à cause de la présence des déserts et de la faible densité de population.

## Carnet de voyage

Quelques pêcheurs plongent encore dans le golfe Persique, non loin de Bahreïn, une île, à la recherche de perles.

## LISTE DES ÉTATS DU MOYEN-ORIENT

Arabie Saoudite - Bahreïn - Chypre - Égypte - Émirats Arabes Unis - Iran - Irak - Israël - Jordanie - Koweït - Liban - Oman - Qatar - Syrie - Turquie - Yémen et parfois aussi la Libye et le Soudan.

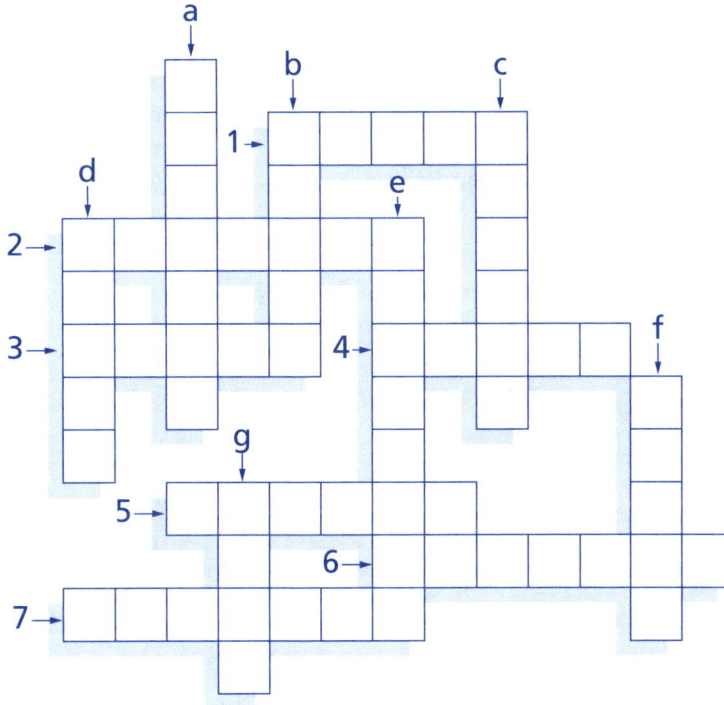

**Horizontalement :**
1. Capitale de l'Arabie Saoudite.
2. On y parle turc.
3. Celui-là est persique.
4. En plongeant, peut-être en remonterons-nous une ?
5. Capitale sur le Tigre.
6. Capitale de l'Iran.
7. Continent au sud-ouest du Moyen-Orient dont font partie L'Égypte, la Libye et le Soudan.

**Verticalement :**
a. L'or noir.
b. La mer entre l'Asie et l'Afrique.
c. On n'y rencontre presque personne.
d. Nom du fleuve qui passe à Bagdad.
e. Nom de l'autre fleuve important pour cette région du monde.
f. Pays au bord de la Méditerranée.
g. Continent à l'est du Moyen-Orient.
h. Mot invariable.

# La Turquie

La Turquie est un pays d'Asie occidentale avec une partie en Europe. C'est un pays du Moyen-Orient (ensemble des pays d'Asie occidentale plus l'Égypte, la Libye et le Soudan).

## Carte d'identité

- Capitale : *Ankara*.
- Langue officielle : *turc*.
- Population : *environ 63 millions*.
- Superficie : *780 000 km²*.
- Climat : *méditerranéen sur les côtes et continental à l'intérieur du pays*.

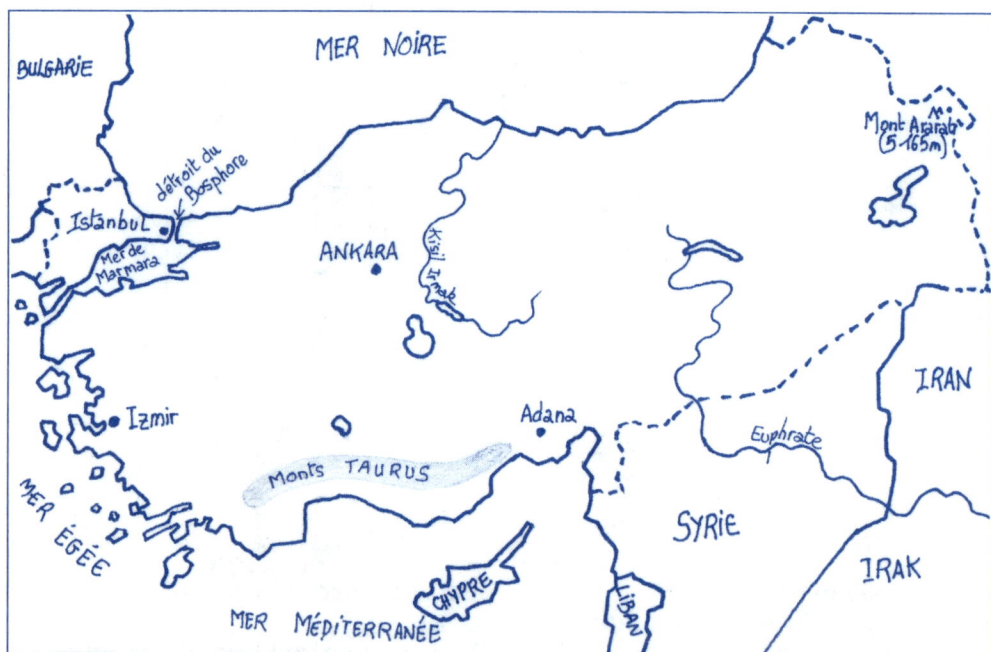

Istanbul, sans doute plus connue que la capitale, est la première ville du pays et a comme particularité d'être coupée en deux par le détroit du Bosphore. Istanbul a donc une partie en Europe et l'autre en Asie.

La Turquie produit très peu de pétrole, mais elle est le premier pays agricole du Moyen-Orient.

## Carnet de voyage

Si tu vas en Turquie, tu pourras visiter des villages troglodytes : les maisons sont creusées dans le roc des falaises et sont vieilles de 4 000 ans dans la région de la Cappadoce.

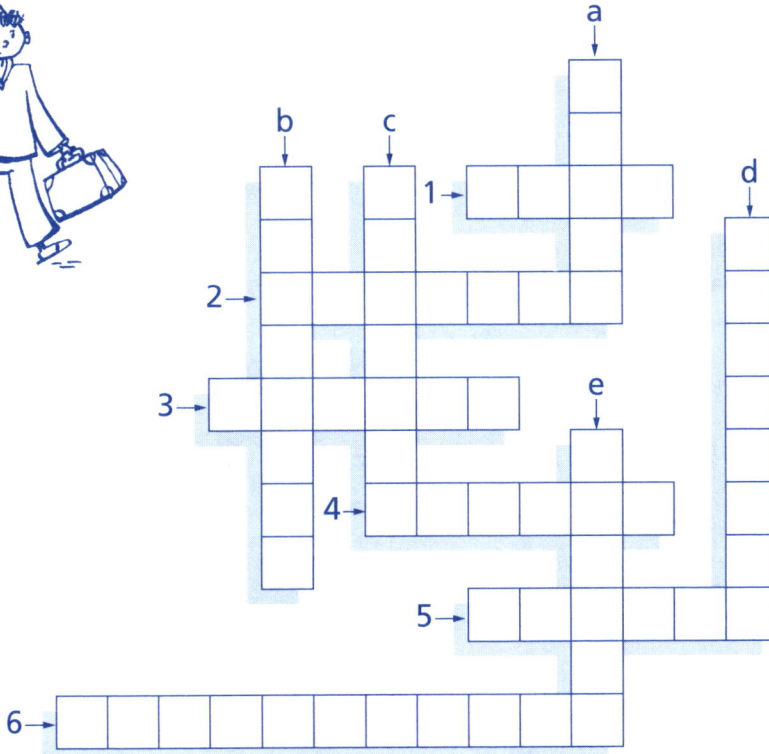

**Horizontalement :**
1. La plus grande partie de la Turquie se trouve sur ce continent.
2. Ankara est sa capitale.
3. La capitale de la Turquie.
4. Le plus haut point du pays.
5. Nom du continent où se trouve la partie occidentale du pays.
6. Adjectif qualifiant les maisons de la Cappadoce, creusées dans le roc.

**Verticalement :**
a. La mer au nord de la Turquie.
b. Première ville turque qui a une partie en Europe.
c. La mer entre l'Europe et l'Asie.
d. Détroit qui divise Istanbul.
e. La montagne (les monts) en Turquie.

# Israël

- **Capitale :** *Jérusalem (mais plusieurs pays reconnaissent Tel-Aviv comme capitale d'Israël).*
- **Langues parlées :** *hébreu et arabe (officielles), anglais, français, etc.*
- **Population :** *5,8 millions.*
- **Superficie :** *21 000 km². (à peine égale à celle de la Bretagne).*
- **Dimensions nord-sud :** *450 km est-ouest : de 112 à 14 km.*
- **Climat :** *méditerranéen (plus sec à l'intérieur du pays).*

En dépit de son exiguïté (largeur étroite), Israël présente une grande diversité de paysages.

Une chaîne montagneuse centrale traverse le pays du nord au sud en formant les collines de Galilée, de Samarie et de Judée. À l'ouest de ces montagnes, le littoral méditerranéen est bordé de plages et de dunes de sable.

Au sud, le désert de Néguev couvre plus de la moitié du territoire israélien.

Longtemps, seuls les Bédouins habitaient cette région montagneuse et aride. Ils y faisaient paître leurs troupeaux. Aujourd'hui, l'eau du lac Tibériade et du Jourdain y est acheminée par des canalisations pour pouvoir cultiver.

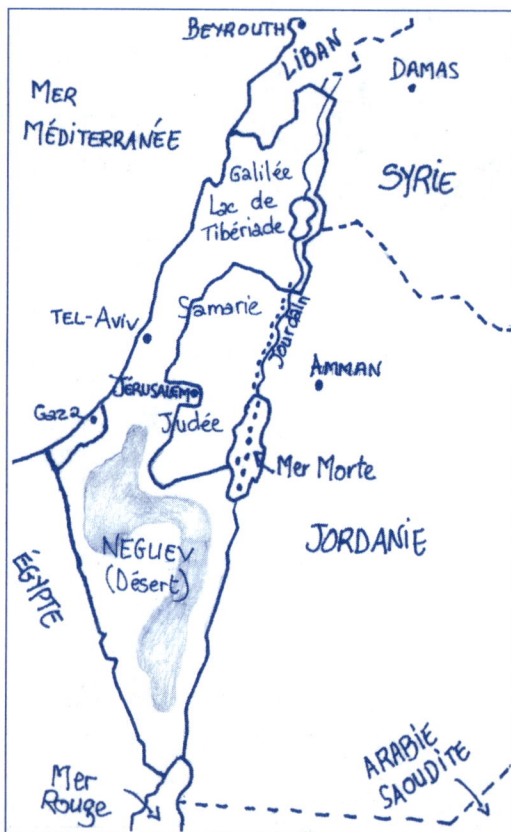

## Le sais-tu ?

L'eau de la mer Morte est 8 fois plus salée que l'eau de la mer normale. La mer Morte étant fermée, les eaux du Jourdain, qui s'y jettent, s'évaporent et laissent des dépôts de sel assez importants.

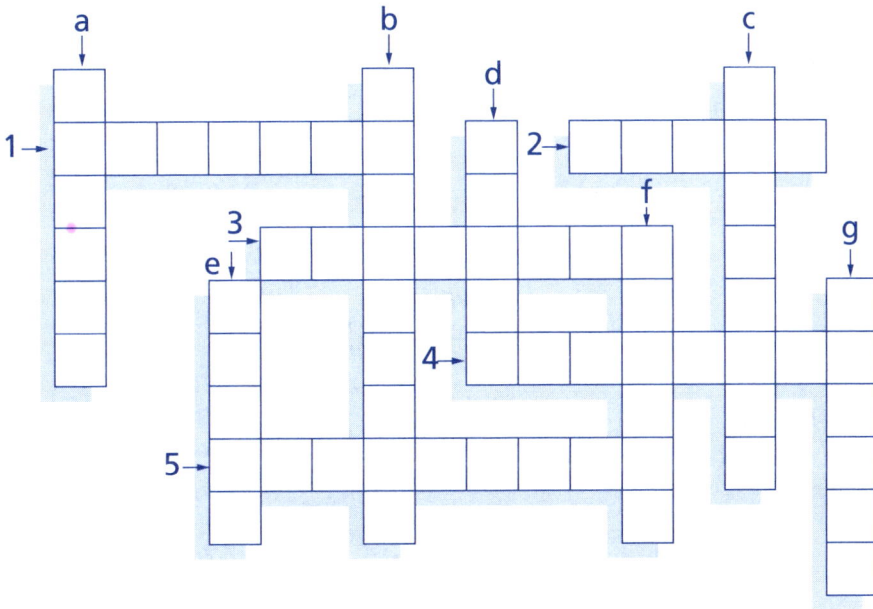

**Horizontalement :**
1. Région de collines.
2. La mer Morte l'est plus que
   les autres.
3. Il coule en Israël et se jette dans
   la mer Morte.
4. Synonyme d'étroitesse.
5. Nom d'un lac israélien.

**Verticalement :**
a. Cet État n'est pas plus grand que
   la Bretagne.
b. Capitale d'Israël.
c. Ils gardaient leurs troupeaux près
   du désert.
d. Autre région de collines.
e. Mer très salée.
f. C'est un désert.
g. Langue officielle
   en Israël.

# Le Japon

Tokyo, capitale du Japon, forme une mégalopole avec quelques villes aux alentours qui abritent plus de 20 millions d'habitants.

Au centre de la capitale moderne se trouve le palais impérial.

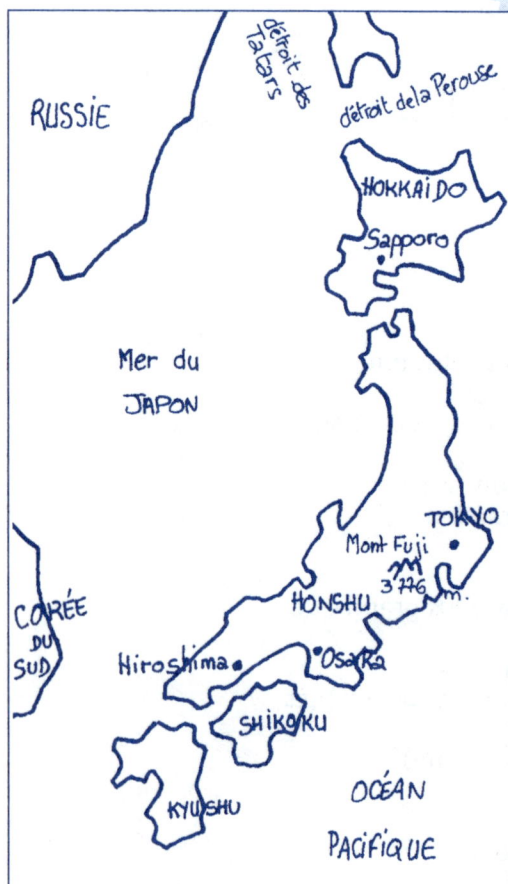

## Carnet de voyage

Le Japon est formé de plusieurs îlots et de 4 îles principales qui s'étirent sur 2 500 km le long de la côte asiatique.

Les trois quarts du pays sont couverts par 265 volcans dont une vingtaine est en activité.

C'est le pays du « Soleil levant » en japonais Nip-hon. Voilà pourquoi on parle de l'archipel nippon.

L'aliment principal est le poisson, notamment cru ; la pêche est donc la première activité économique.

Le Japon connaît une forte densité de population puisque plus de 125 millions d'habitants se partagent environ 378 000 km². (La France = 60 millions d'habitants pour environ 550 000 km².)

La capitale du pays se trouve sur la plus grande île : Honshū (qui s'appelait avant Hondo) ainsi que le mont Fuji (le volcan le plus connu de l'archipel).

Au nord, c'est Hokkaido, une île très volcanique.

Au sud, on trouve les îles Shikoku et Kyūshū.

D'un bout à l'autre de l'archipel, le climat varie considérablement. Au nord, le pays est vert l'été et enfoui sous la neige l'hiver. Au sud, le climat est chaud et humide (on est à la latitude du Sud marocain).

*Vive l'Empereur !*

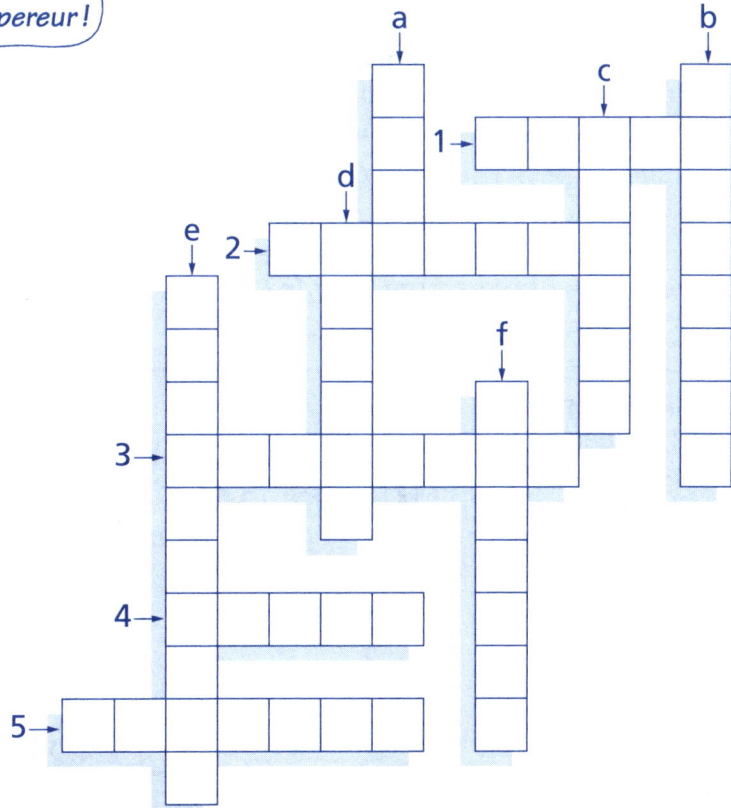

**Horizontalement :**
1. La capitale de l'archipel nippon.
2. Une des îles au sud de l'archipel japonais.
3. Ensemble d'îles.
4. Première activité économique du Japon.
5. Ils crachent le feu.

**Verticalement :**
a. Le plus célèbre volcan du Japon.
b. L'île du nord, très volcanique.
c. Une des îles au sud de l'archipel japonais.
d. L'île où se trouve la capitale du pays du « Soleil levant ».
e. Agglomération de plusieurs villes du fait de leur expansion.
f. Ce mot signifie : nombre d'habitants au km$^2$.

# La Chine

La Chine est le pays le plus peuplé du monde : on compte environ un milliard deux cents millions de Chinois. On peut dire qu'un terrien sur cinq vit en Chine.

La capitale du pays est Pékin (ou Beijing).

La Chine est presque aussi étendue que l'Europe. Au nord-est s'étendent de vastes plaines. Le climat y est continental : les hivers sont très froids et les étés très chauds. On y cultive du blé.

Au sud-est s'élèvent des collines séparées par des plaines étroites. Cette partie de la Chine connaît les moussons. On y cultive du riz.

Enfin, à l'ouest, on trouve les hauts plateaux du Tibet et les sommets de l'Himalaya. Ce sont des régions arides et donc peu peuplées.

Depuis 1979, le gouvernement chinois essaie d'imposer une loi pour freiner la croissance démographique : un enfant unique par famille.
L'augmentation de la population est ainsi ralentie depuis le contrôle de la natalité.

La population chinoise se concentre surtout sur le littoral, au bord de l'océan Pacifique, qui connaît une croissance industrielle rapide. On y trouve les grandes villes : Pékin (Beijing), Shanghai, Hongkong et Canton (Guangzhou).

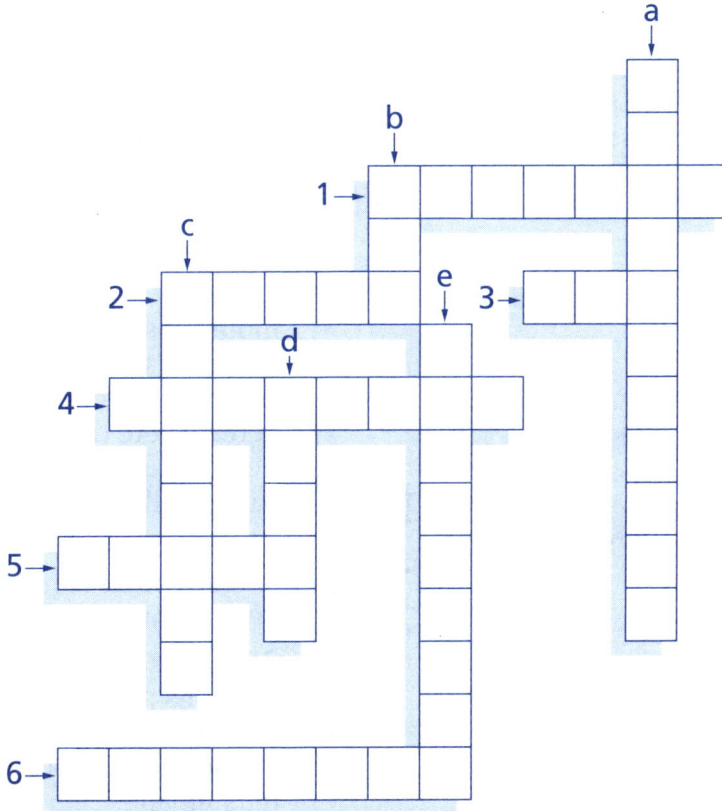

**Horizontalement :**
1. Nom chinois de la capitale chinoise.
2. Le pays le plus peuplé du monde.
3. On le cultive sous la mousson.
4. Terme désignant le bord de la mer.
5. Synonyme de sec.
6. En Chine, elle est contrôlée.

**Verticalement :**
a. Il se jette près de Shanghai.
b. On le cultive en plaine.
c. Habitante de la Chine.
d. Nom de l'immense région des plateaux.
e. Océan qui borde la Chine.

# L'Inde

L'Inde est un pays d'Asie dont la superficie est de 3 268 000 km$^2$ (plus de 6 fois la France). La population n'a cessé d'augmenter et l'Inde compte aujourd'hui presque un milliard d'habitants. Toutes les années, la population augmente de 17 millions d'Indiens. La capitale est New-Delhi. La monnaie est la roupie.

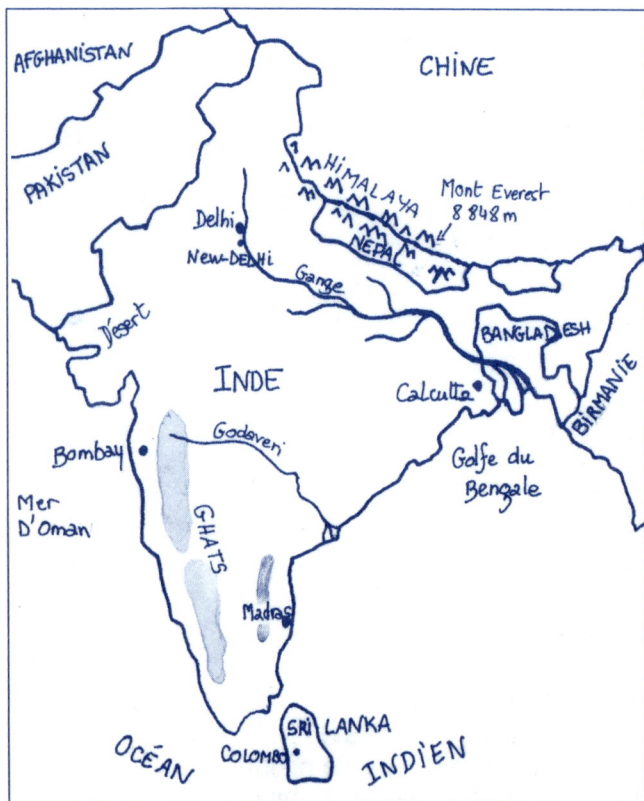

L'Inde est le pays des moussons, ces vents qui soufflent vers la mer l'hiver (mousson sèche), et vers la terre l'été (mousson humide) apportant des pluies torrentielles.

En Inde, on parle plusieurs langues, mais le hindi est la plus courante.

Il y a aussi plusieurs religions : l'hindouisme, le bouddhisme et, dans le nord, la religion musulmane.

Il y eut en 1966 une terrible famine. Depuis, on développe l'agriculture et surtout la production de céréales (blé, riz et millet).

## CEYLAN

Au large de la péninsule Indienne, dans l'océan Indien, l'île de Ceylan ressemble à une perle. Les habitants, les Cinghalais, l'appellent Sri Lanka ou « l'île resplendissante ».
Plus de la moitié de l'île est recouverte par une profonde jungle où vivent encore des éléphants, qui, à la différence des éléphants indiens, ne possèdent que rarement des défenses.

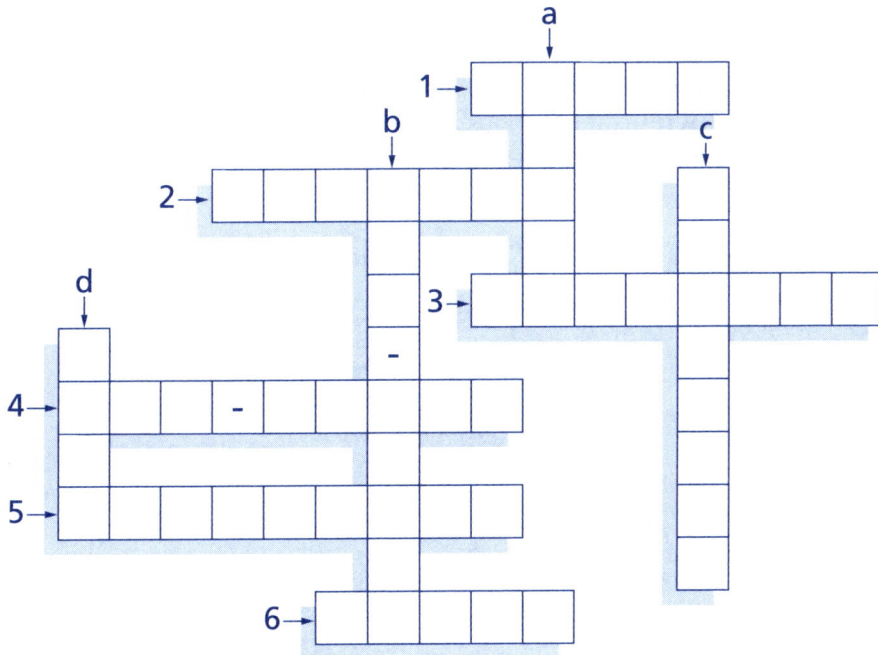

**Horizontalement :**
1. Des massifs montagneux à l'ouest du pays.
2. Elle est attendue l'été pour ses pluies.
3. Les hautes montagnes du nord du pays.
4. La capitale.
5. Avec ou sans défenses, ils ne trompent pas.
6. Fleuve au nord du pays et qui se jette dans l'océan Indien.

**Verticalement :**
a. La langue la plus parlée en Inde.
b. « L'île resplendissante ».
c. Les habitants de cette ville peuvent plonger facilement dans le Gange.
d. Principal pays de la péninsule indienne.

# La Russie

La Russie fait partie de la C.E.I. (Communauté des États indépendants). Des États ont formé cette nouvelle union après la disparition de l'U.R.S.S. (Union des Républiques socialistes et soviétiques), en 1991. Le plus grand de tous est la Russie. C'est aussi le plus vaste de la planète avec une partie de son territoire en Europe orientale et l'autre, en Asie.

La population se concentre surtout dans la partie européenne du pays.

La Sibérie, qui se trouve à l'intérieur du cercle polaire arctique, est en partie recouverte par une forêt de conifères, que l'on appelle la taïga.

D'est en ouest, la Russie s'étire sur plus de 10 000 km. Les Russes ne vivent donc pas tous à la même heure! Quand il est midi à Moscou, il est 22 heures à Vladivostok.

## Carte d'identité

- Capitale : *Moscou.*
- Langue officielle : *russe.*
- Population : *environ 147 millions.*
- Superficie : *17 millions de km²* *(environ 30 fois la France).*
- Climat : *polaire au nord, continental dans le reste du pays.*
- Activités économiques : *énormes ressources agricoles (lin, orge, céréales, vigne, coton...) et minières (charbon, fer dans les régions de Moscou et de l'Oural).*

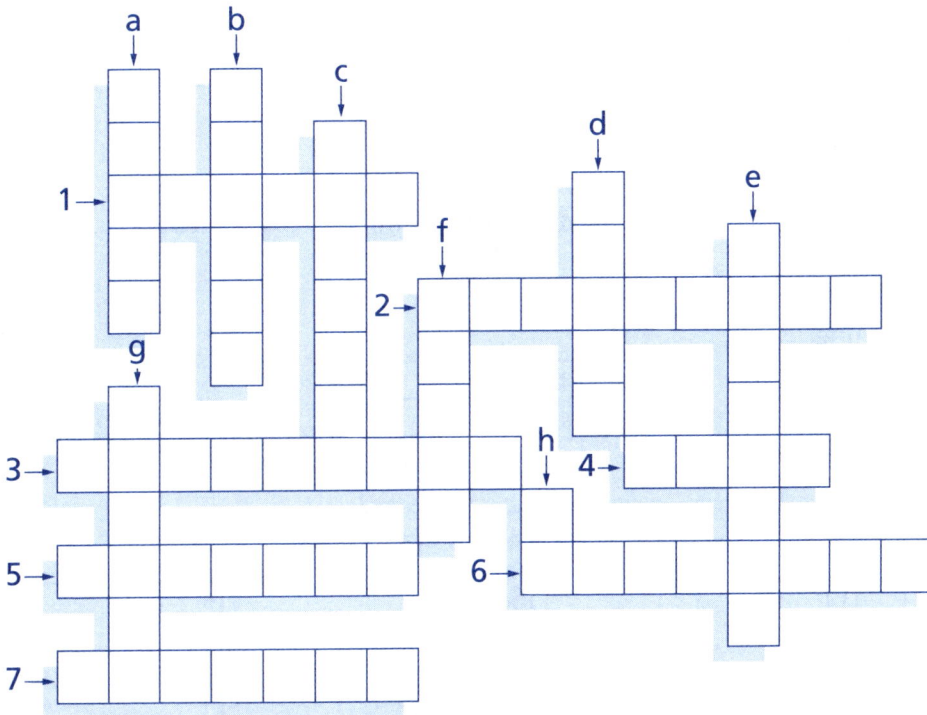

**Horizontalement :**
1. Le plus vaste pays du monde.
2. Ces arbres peuplent la taïga.
3. Mer au sud de la Russie.
4. Continent à l'est de l'Oural.
5. Pays voisin à l'ouest de la Russie.
6. Amas de glace qui dérive et qui est présent au nord de la Russie dans l'océan glacial Arctique.
7. Point culminant du Caucase à l'est de la mer Noire.

**Verticalement :**
a. Montagne qui sépare l'Europe et l'Asie.
b. La capitale de la Russie.
c. Région polaire située au nord de la Russie.
d. Nom de l'immense forêt de conifères.
e. L'océan glacial du pôle Nord.
f. Pays voisin au sud.
g. Lac situé au sud-est de la Russie.
h. Fleuve qui traverse la Russie du sud au nord et qui est proche de l'Oural.

# Hissons les couleurs !

Reconnais les drapeaux en les mettant en couleurs d'après le code suivant :

1 bleu

2 blanc

3 rouge

4 jaune

5 vert

6 noir

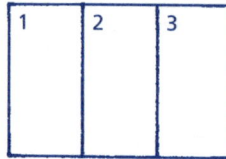

**A** Pays surnommé « l'Hexagone ».

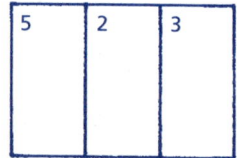

**B** Le plus grand pays de la péninsule Ibérique.

**C** Ce pays a la forme d'une botte.

**D** Pays francophone du nord de la France.

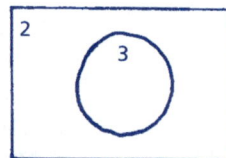

**E** Pays du « Soleil levant ».

**F** Première puissance européenne.

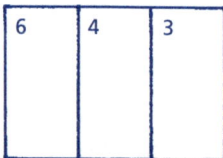

**G** Le Québec est une des provinces de ce pays.

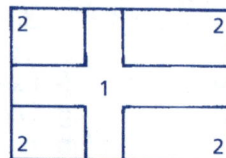

**H** Pays scandinave voisin de la Russie.

**i** Un célèbre rallye arrive dans ce pays (départ de Paris).

Place dans cette grille les noms
des pays dont tu as colorié les
drapeaux.
Tu peux t'aider
de la définition
inscrite sous
chaque drapeau.

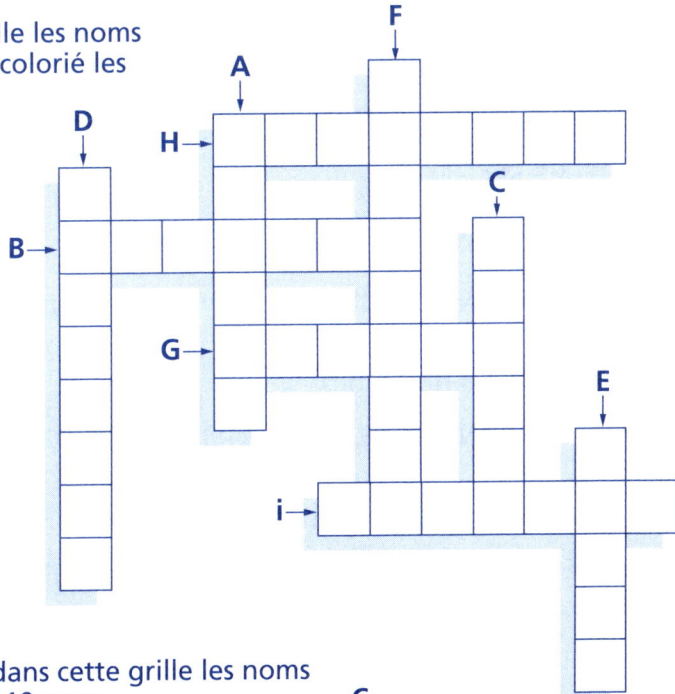

Maintenant, place dans cette grille les noms
des capitales de ces 10 pays.
Pour t'aider,
reporte-toi, grâce
au sommaire
(p. 2-3), aux pages
qui concernent
ces pays.

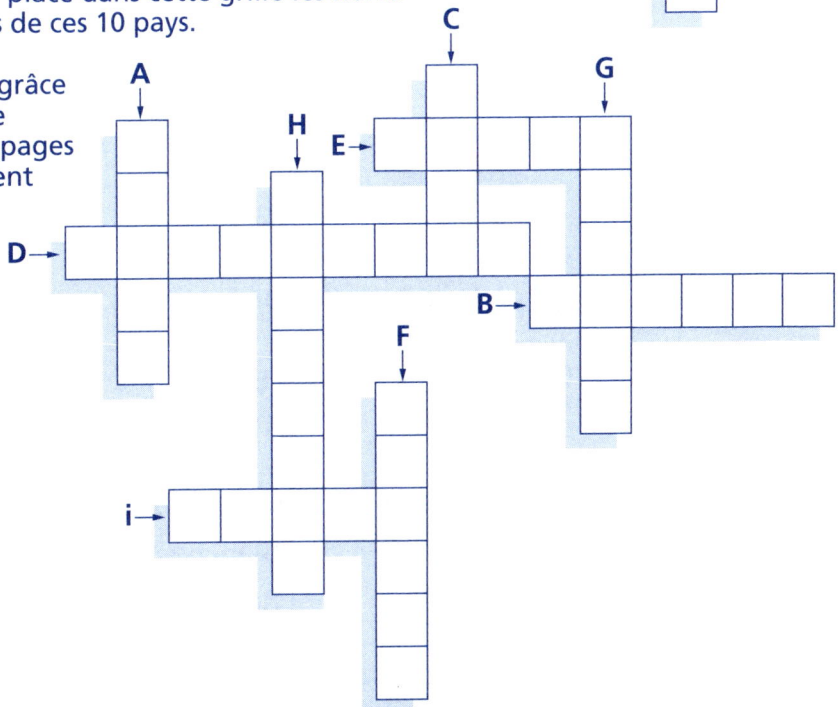

# JEUX-TESTS

▶ **Entoure la bonne réponse aux questions suivantes :**

Lequel de ces pays :

**1** n'est pas en Asie ?

IRAN - JAPON - CHINE - INDE - MALI - MONGOLIE

**2** est une île ou un archipel ?

IRAN - JAPON - INDE - RUSSIE - TURQUIE - CORÉE

**3** a une partie de son territoire en Europe ?

CHINE - INDE - NÉPAL - TURQUIE - LIBAN - PAKISTAN

▶ **Coche la bonne réponse.**

Où se trouve la Grande muraille ?
☐ en Chine.　　☐ au Japon.

Où coule le Gange ?
☐ en Inde.　　☐ au Sri Lanka.

Où se trouve le Mont Éverest ?
☐ au Népal.　　☐ en Birmanie.

Entre l'Asie et l'Afrique, on nage dans la mer :
☐ Blanche ?
☐ Rouge ?
☐ Noire ?
☐ Jaune ?

# L'OCEANIE ET L'ANTARCTIQUE

# L'Australie

- Capitale : *Canberra.*
- Langue parlée : *anglais.*
- Population : *18,5 millions.*
- Superficie : *14 fois la France.*
- Climat : *chaud dans l'ensemble mais varie selon les régions et les saisons.*
- Principales activités économiques : *élevage d'ovins notamment les mérinos (moutons de race espagnole à toison épaisse donnant une laine fine), agriculture (sucre, fruits, légumes, blé, vignes), richesses minières très importantes.*
- Signes particuliers : *la plus grande île du monde qui, à elle seule constitue presque le continent océanien; altitude moyenne de 210 mètres.*

OCÉAN PACIFIQUE

Nouvelle Guinée

Mer de Corail

Nouvelle Calédonie

AUSTRALIE

Grand désert de Victoria

Adélaïde

Sydney

CANBERRA

Grande baie australienne

Melbourne

île de Tasmanie

Nouvelle Zélande

OCÉAN INDIEN

## NOS AMIS LES BÊTES

Les kangourous ne vivent qu'en Australie. Comme tous les marsupiaux, ils portent leurs petits dans une poche ventrale. Leurs puissantes pattes arrières sont adaptées aux longs trajets qu'ils doivent souvent faire pour se déplacer entre des points d'eau très éloignés. Un adulte peut atteindre une vitesse de 60 km/h et faire des bonds de 3 m de haut.

## Carnet de voyage

Les premiers habitants de l'Australie, les Aborigènes, sont arrivés d'Asie, il y a environ 40 000 ans. Aujourd'hui, ils ne représentent que 1 % de la population australienne (moins de 200 000 aborigènes).

Si je retourne en Australie, je n'oublierai pas de me munir de dollars, car les australiens utilisent cette monnaie pour leurs achats.

Dans l'angle supérieur, à gauche, du drapeau de l'Australie est représenté le drapeau de l'Angleterre, car cette île a été un territoire anglais.

Dans l'angle de droite, des étoiles sont reproduites telles qu'elles sont dans le ciel austral : elles permettent de repérer le pôle Sud, tout proche !

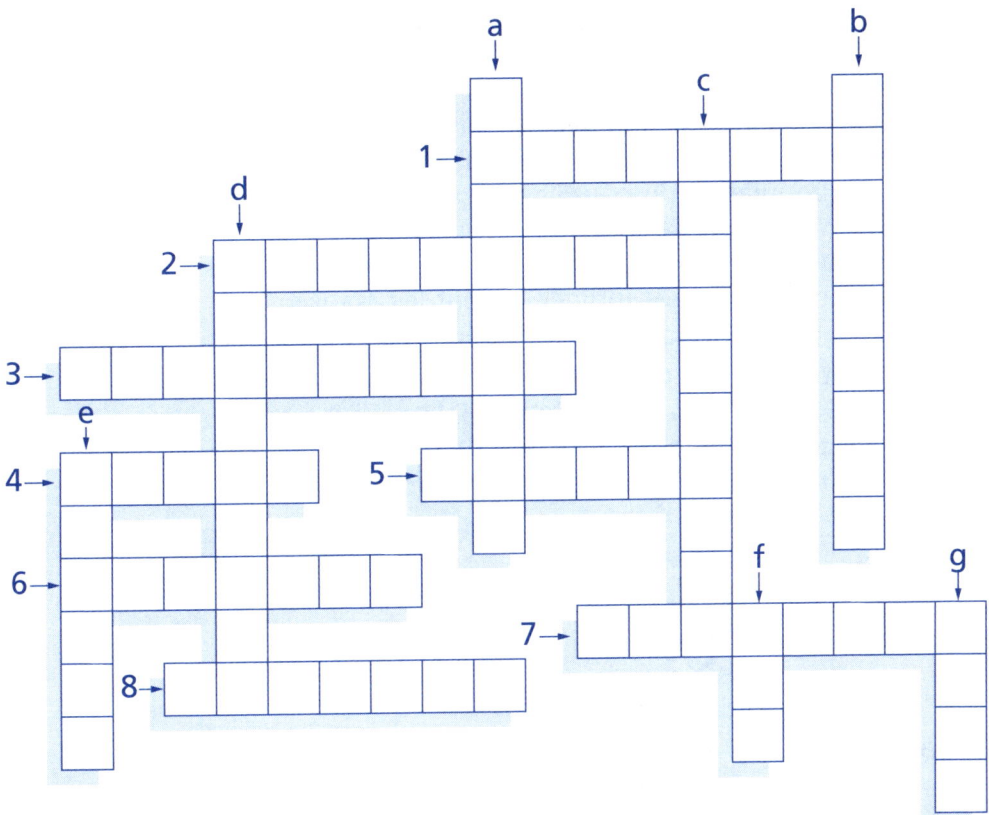

**Horizontalement :**

1. Nom d'une ville du sud de l'Australie, qui est aussi un prénom féminin.
2. Nom des premiers habitants d'Australie.
3. Nom, au pluriel, donné aux mammifères qui portent leurs petits dans une poche ventrale.
4. Matière blanche, à saveur très douce, que l'on utilise dans les desserts.
5. Nom d'une mer d'Australie située au nord-est.
6. Les Australiens s'en servent pour leurs achats.
7. Capitale de l'Australie.
8. Ovins élevés pour leur laine.

**Verticalement :**

a. Animal de l'ordre des marsupiaux, qui ne vit qu'en Australie.
b. Nom d'une ville australienne, située en face de l'île de Tasmanie.
c. Nom d'un habitant d'Australie.
d. À la fois un pays, une grande île et un continent.
e. Nom d'une ville située au nord de la capitale.
f. Nom d'une céréale cultivée en Australie.
g. Origine géographique des premiers habitants d'Australie.

# La Nouvelle-Zélande

La Nouvelle-Zélande est un pays du continent qui s'appelle l'Océanie. Cet État est formé de deux grandes îles montagneuses. L'île du nord est volcanique. La population du pays se concentre principalement dans deux de ses villes : Wellington, la capitale, et Auckland.

Les habitants, les Néo-zélandais, sont presque tous des Européens ou d'origine européenne. Les indigènes sont les Maoris.

L'île du sud est presque entièrement occupée par les Alpes néo-zélandaises. On y pratique l'élevage des bovins et surtout des ovins. Mais à cause du relief, le sol est très pauvre.

La superficie du pays est de 270 000 km$^2$, soit la moitié de la France. Les Néo-zélandais parlent anglais.

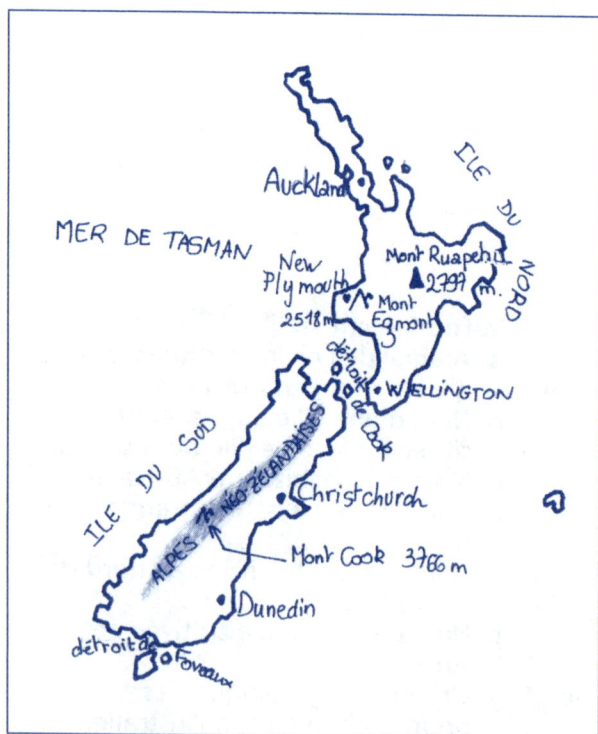

La Nouvelle-Zélande est aux antipodes de la France, c'est-à-dire, d'un point de vue géographique, située complètement à l'opposé.

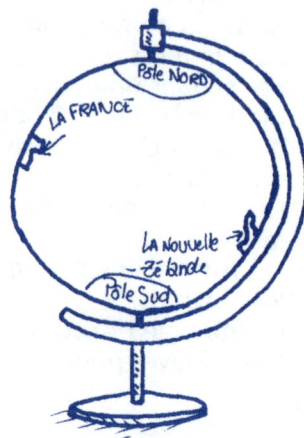

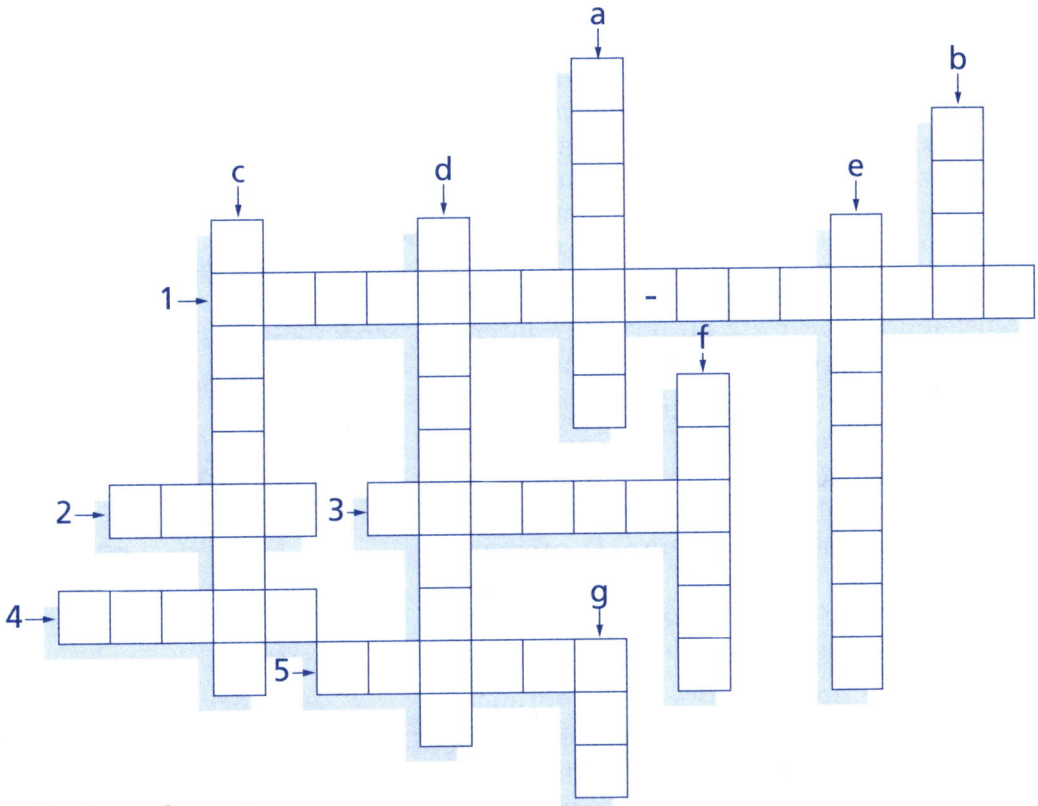

**Horizontalement :**

1. Le pays aux antipodes de la France.
2. Nom du détroit entre les deux îles.
3. Les Néo-Zélandais parlent cette langue.
4. Les montagnes de l'île du sud.
5. Les habitants non européens de la Nouvelle-Zélande.

**Verticalement :**

a. Le mont le plus élevé au nord de l'île.
b. Une des deux îles.
c. Synonyme de « à l'opposé ».
d. La capitale néo-zélandaise.
e. L'océan à l'est.
f. La mer à l'ouest.
g. L'autre île qui compose ce pays.

# L'Antarctique

L'Antarctique, dit «pôle Sud», est un continent 20 fois plus grand que la France. Les glaces éternelles y recouvrent la terre (inlandsis) et les mers (banquise). Elles atteignent parfois jusqu'à 4 km d'épaisseur. Les températures sont très basses et descendent certaines années à − 80 °C.

Ce continent inhabité est revendiqué par plusieurs États : c'est un territoire international de recherches scientifiques.

En 1840, le français Dumont d'Urville accoste sur une partie du continent Antarctique face à l'Australie. Il donne à cette terre, habitée l'hiver par des colonies de manchots empereurs, le prénom de sa femme : la Terre Adélie devient alors territoire français. Sa superficie est égale au double de celle de la France.

Savants et observateurs y séjournent régulièrement dans des bases spécialement aménagées pour la recherche.

Au début du XXe siècle, Jean Charcot, explorateur et savant français, a sillonné inlassablement les mers de l'Antarctique.

- - - - Limite estivale du pack (banquise qui dérive).

Limite hivernale du pack.

Limite de l'inlandsis.

## LE MANCHOT EMPEREUR

Le manchot empereur est un oiseau des mers australes (mers au sud du globe). Il marche sur la glace en se tenant debout ou bien il glisse sur son ventre. Tu as dû le voir faire dans des émissions télévisées. Il nage aussi très bien. Ne le confonds pas avec les pingouins. Eux, sont des oiseaux marins vivant au pôle Nord !

## Vocabulaire

**Inlandsis :** mot d'origine scandinave. Il désigne les terres continentales qui sont des glaciers comme le Groenland ou l'Antarctique.

**Banquise :** amas de glaces flottantes des régions polaires qui peut fondre selon les températures. La banquise peut parfois dériver : on l'appelle alors le « pack ».

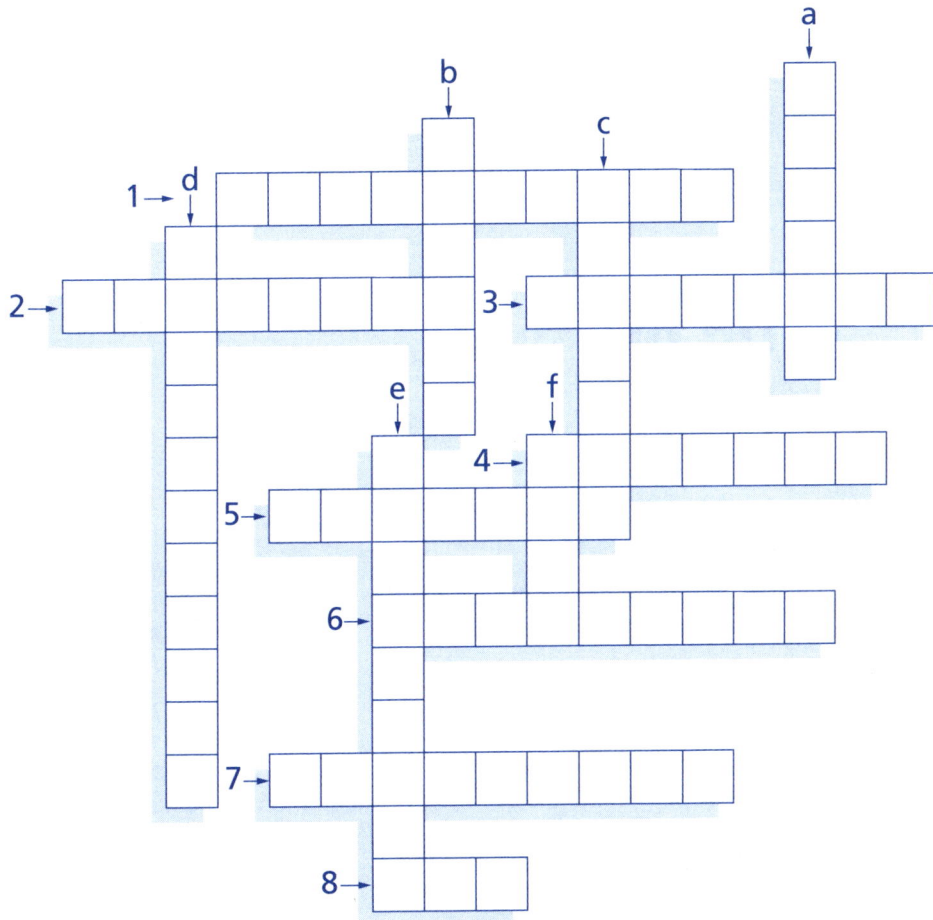

**Horizontalement :**
1. Synonyme de surface.
2. Oiseau marin du pôle Nord.
3. Amas de glaces flottantes dans les mers polaires.
4. Type de climat en Antarctique.
5. Oiseau des mers du pôle Sud.
6. Nom du pays d'Amérique du Sud le plus proche du continent Antarctique.
7. La plus grande île du monde.
8. Nom du pôle sur l'Antarctique.

**Verticalement :**
a. Nom du territoire français en Antarctique.
b. Son drapeau est bleu, blanc, rouge.
c. Nom du savant français qui a sillonné les mers australes au début du XXe siècle.
d. Ce n'est pas l'Arctique.
e. Nom d'origine scandinave qui désigne un glacier continental.
f. La terre en possède un au nord et un autre au sud.

# Ça va chauffer !

## Un premier pas

C'est la première fois que tous les pays du monde ont réussi à se mettre d'accord aussi vite.

Le 11 décembre 1997, à Kyoto (au Japon), ils ont signé un traité (un accord) sur l'effet de serre (phénomène qui fait que la Terre se réchauffe). L'effet de serre est surtout dû à des gaz (comme le $CO_2$, dioxyde de carbone) qui sont rejetés dans l'atmosphère par les voitures, les usines, etc. Ces gaz forment un « couvercle » au-dessus de nos têtes. C'est cela qui empêche les rayons su soleil qui arrivent sur la Terre de repartir dans l'atmosphère. Du coup, la Terre se réchauffe. Les pays du monde ont donc décidé de réduire (de baisser) la quantité de ces gaz envoyés dans l'atmosphère.

Au départ, ils voulaient les baisser de 15 %. Mais finalement, ils se sont mis d'accord sur une baisse de 5,2 % d'ici l'an 2012.

Ce n'est peut-être pas beaucoup. Mais c'est un premier pas dans la lutte contre la pollution. C'est comme une petite goutte d'eau. Et on sait que quelquefois, les petites gouttes d'eau font les grandes rivières et les océans…

**Gratiane Dorlanne**,
article paru dans
*Le Journal des Enfants*
du 19 décembre 1997.

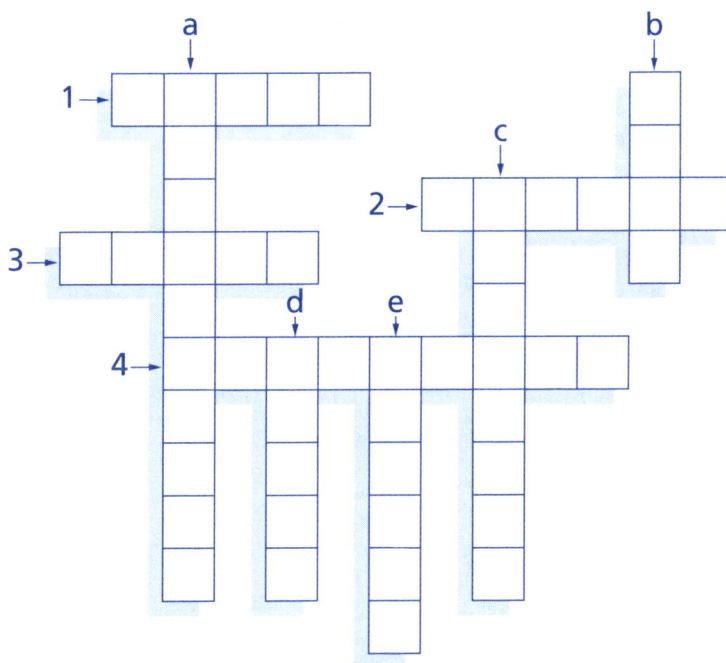

**Horizontalement :**
1. Dans ce pays, un traité a été signé pour lutter contre la pollution.
2. Synonyme d'« accord ».
3. Une ville du Japon.
4. Danger causé par des matières toxiques comme les fumées.

**Verticalement :**
a. L'air qui nous passe au-dessus de la tête.
b. Contraire de lentement.
c. Les petites gouttes les forment parfois.
d. Synonyme de combat.
e. Des pollueuses.

# JEUX-TESTS

▶ **Trouve la réponse à chaque question et place-la au bon endroit dans la grille.**

Sur quel continent se trouve le Lac Victoria ?

_ _ _ _ _ _ _

Dans quelle chaîne de montagnes est le Mont-Blanc ?

_ _ _ _ _

Comment s'appelle le plus grand désert du monde ?

_ _ _ _ _ _

Quel canal relie la Méditerranée à la mer Rouge ? _ _ _ _

Quel pays est au nord des États-Unis ? _ _ _ _ _ _

Comment s'appelle l'abri des Esquimaux ?

_ _ _ _ _

De quel pays Varsovie est-elle la capitale ?

_ _ _ _ _ _ _

Quel grand fleuve traverse le Brésil ?

_ _ _ _ _ _ _

Quel est le contraire de « humide » ? _ _ _

Dans quelle ville d'Italie se trouve la tour penchée ? _ _ _ _

Quelle est la 7$^e$ planète du système solaire dans l'ordre croissant de la distance au Soleil ? _ _ _ _ _ _

Quel est le nom du continent situé au pôle sud ? _ _ _ _ _ _ _ _ _ _

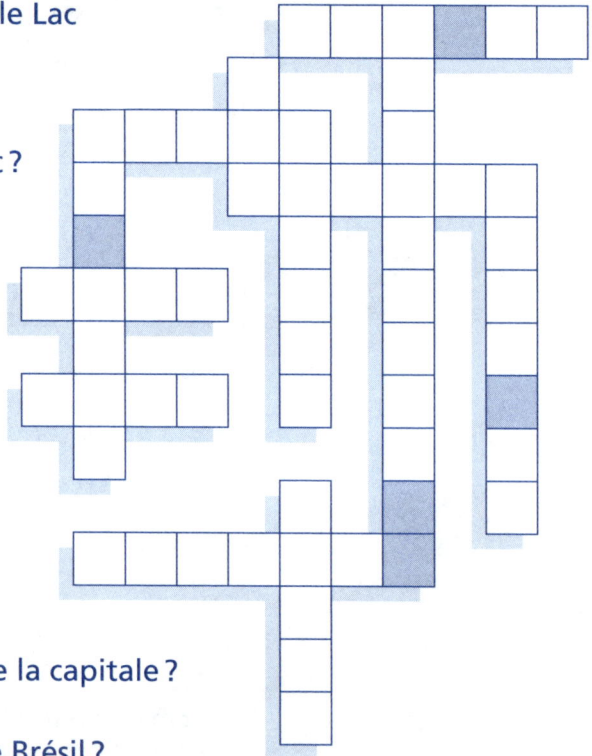

▶ **Remets les lettres grisées dans le bon ordre pour trouver le nom d'une ville française :** ☐ ☐ ☐ ☐ ☐

Dans quelle région se trouve cette ville ?

☐ Normandie   ☐ Corse   ☐ Provence

# CORRIGÉS

LE GLOBE

## ▶ La Terre dans l'espace     6

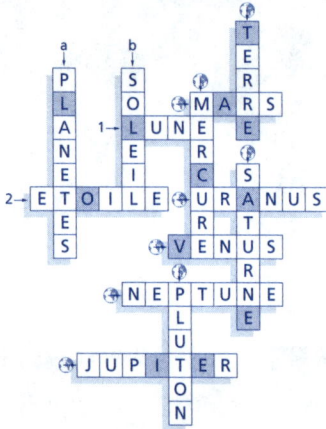

TERRE
PLANETES
SOLEIL
MARS
LUNE
MERCURE
ETOILE URANUS
VENUS
NEPTUNE
PLUTON
JUPITER

La Voie lactée

## ▶ Quel temps…     10

1→ PRECIPITATIONS
2→ POLAIRE   3→ PERMAFROST
4→ CONTINENTAL
5→ MEDITERRANEEN
6→ PERGELISOL

TEMPERATURE
OCEANIQUE
RAYONS
TROPICAL
TEMPE
CHALEUR
HIVERS
CANCE

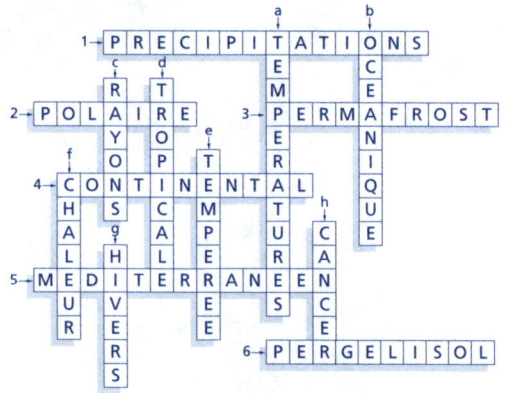

## ▶ La Planète Bleue     8

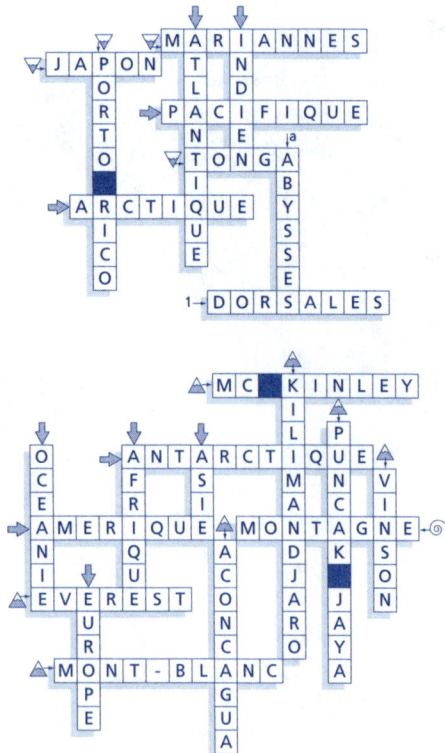

MARIANNES
JAPON
PACIFIQUE
TONGA
ARCTIQUE
ABYSSE
1→ DORSALES
PORTO
ATLANTIQUE

MC KINLEY
ANTARCTIQUE
AMERIQUE MONTAGNE
EVEREST
MONT-BLANC
OCEANIE
AFRIQUE
KILIMANDJARO
PICUNCA
VISON
JAYA

## ▶ Ne bougeons plus, je compte !     12

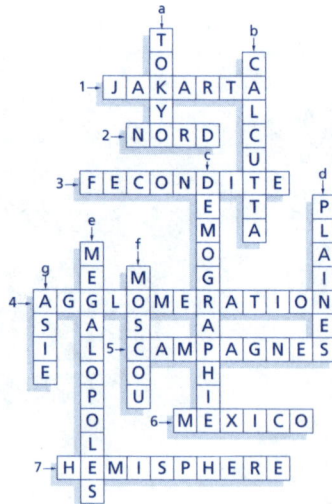

1→ JAKARTA
2→ NORD
3→ FECONDITE
4→ AGGLOMERATION
5→ CAMPAGNES
6→ MEXICO
7→ HEMISPHERE

TOKYO
CALCUTTA
DEMOGRAPHIE
PLAINE
MEGALOPOLIS
ASIE
MENSHOUI

132

## ▶ Villes à tous prix !　14

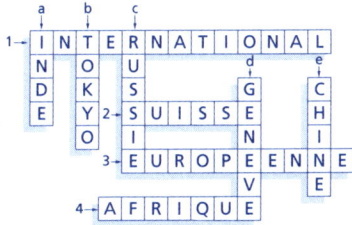

```
        a   b   c
1→  I N T E R N A T I O N A L
    N   O   U           d   e
    D   K   S       G       C
    E   Y 2→S U I S S E     H
        O   I       N       I
      3→E U R O P E E N N E
                    V       E
  4→A F R I Q U E
```

## ▶ Tous Terriens !　16

```
        B
    M O S C O U
    R       R
    D       A
    P E K I N
    A
  C A L C U T T A
    X
```

```
            a                   b
            I                   S
            D           c       O
    1→  E S P E R A N T O       N
            O           L       S
            G           P       S
            R           H
            A     2→ L A N G U E
            M           B
            M           E
            E  3→ L E T T R E S
```

## J E U X · T E S T S　18

▶ Une planète et un continent :
ASIE　　SATURNE
TERRE　　AFRIQUE
PLUTON　AMÉRIQUE

▶ Rébus : c'est l'Océanie
(os-é-âne-nid).

▶ Une charade : c'est Jupiter
(jus-pis-terre).

▶ Planètes mélangées :
Jupiter et Mars
Vénus et Neptune

## ▶ L'Arctique　20

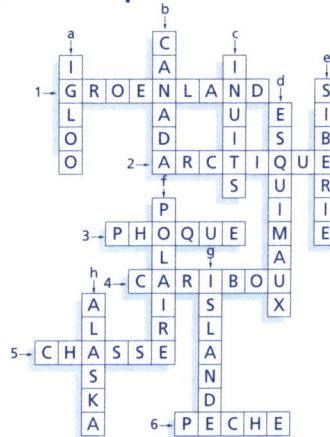

```
      a           b           c               e
      I           C           I               S
1→  G R O E N L A N D   d      E               I
      L           A     U      S               B
      O           D 2→A R C T I Q U E          E
      O           A   f    S    U              R
                  P        P    I              E
          3→ P H O Q U E        M
              h   L   g         A
            A 4→ C A R I B O U  X
            L     I    S
  5→ C H A S S E  R    L
            K     I    A
            A     R    N
                       D
                6→ P E C H E
```

## ▶ Le Groenland　22

```
      a               b           c
1→  G L A C I E R S           G
    R       d       S         O
    O  2→ P A C K             D
    E       E   3→ I N U I T S
    N       T       M         H
    L       R       O         A
4→ D A N O I S                A
    N       L       e         B
    D  5→ E R I K
                    L
    6→ L I C H E N S
```

## ▶ L'Alaska　24

```
      a           b           c
1→  A L A S K A 2→ F J O R D
    N           V       U
    C           I       U
    H      3→ V I S O N S
    O           O       E
4→ B E R I N G          A
    R       d       e
    A       M       E
  6→ D E T R O I T   T
    G       R       A
            S       T
            E
5→ Y U K O N
```

## ▶ Le Québec    26

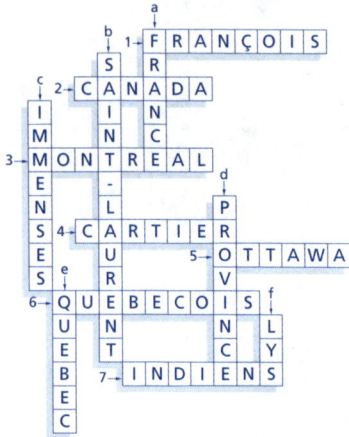

## ▶ En survolant les États-Unis    32

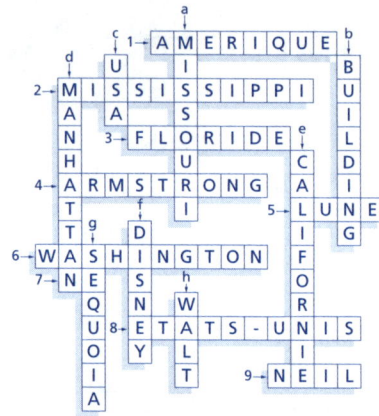

## ▶ Les Grands Lacs d'Amérique    28

## ▶ Que la montagne est belle !    34

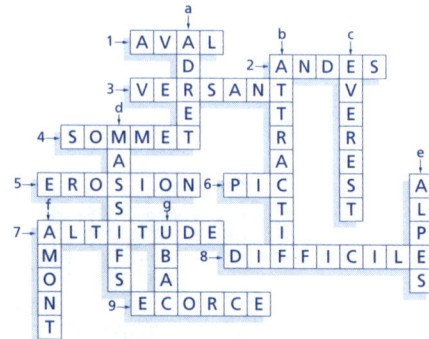

## ▶ Les États-Unis d'Amérique    30

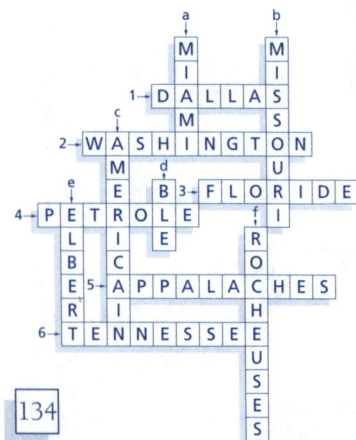

## 🎲 J E U X - T E S T S    36

▶ Rébus : Amérique
(A - mer - i - queue).

▶ L'intrus : Leman

▶ 1. État des États-Unis.
2. une grande île.
3. bleu et blanc (drapeau
   du Québec).

## ▶ Le Mexique 38

## ▶ Les îles Galápagos 42

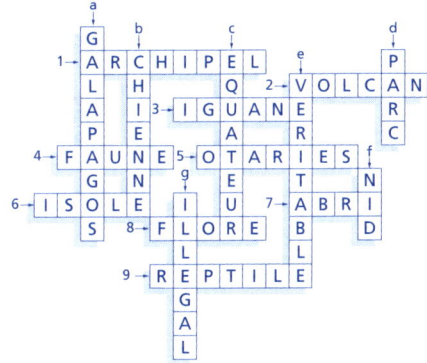

## ▶ Le canal de Panamá 40

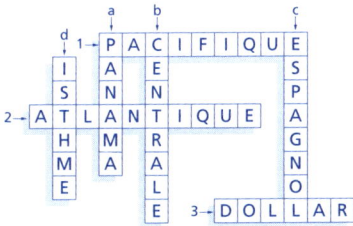

## ▶ L'Amazone 44

## ▶ L'Argentine 46

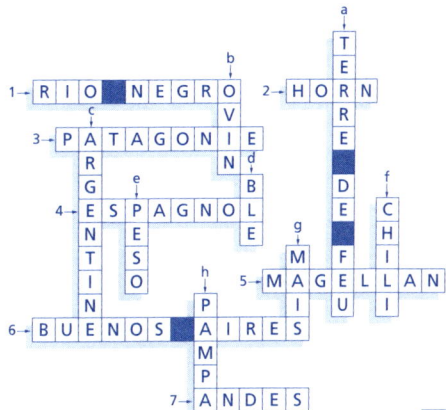

▶ **Chacun chez soi !** 48

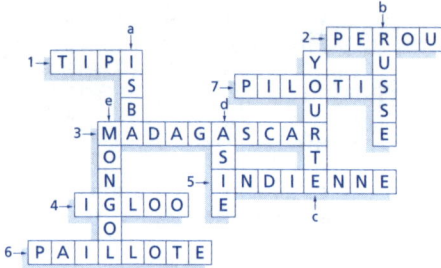

▶ **Le continent européen et l'U.E.** 52

J E U X · T E S T S 50

▶ Pays d'Amérique du Sud
  ARGEN → TINE
    GUY → ANE
     PÉ → ROU
   VÉNÉ → ZUELA
    BRÉ → SIL
    URU → GUAY

▶ Les erreurs sont indiquées en noir.

▶ **Les animaux et l'Union européenne** 54

▶ **La Scandinavie** 56

## ▶ Les îles Britanniques 58

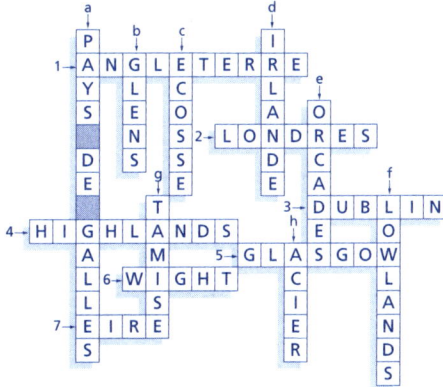

## ▶ La Méditerranée 64

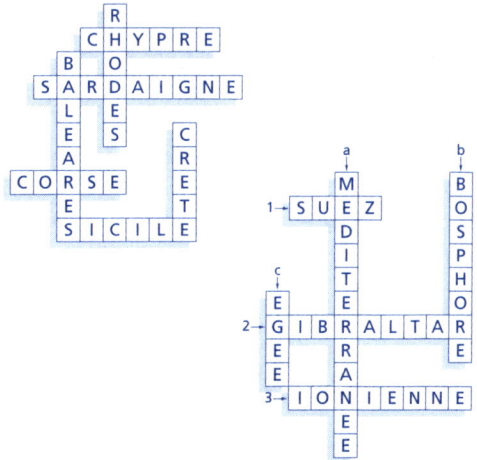

## ▶ L'Allemagne 60

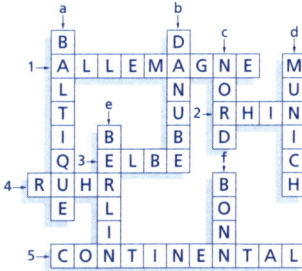

## ▶ L'Italie 66

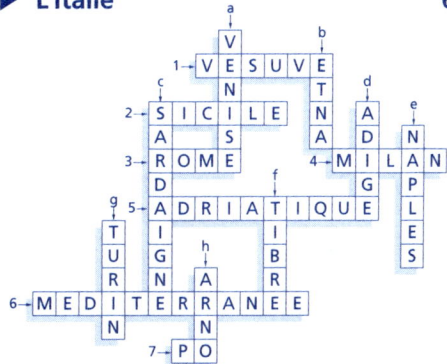

## ▶ La péninsule Ibérique 62

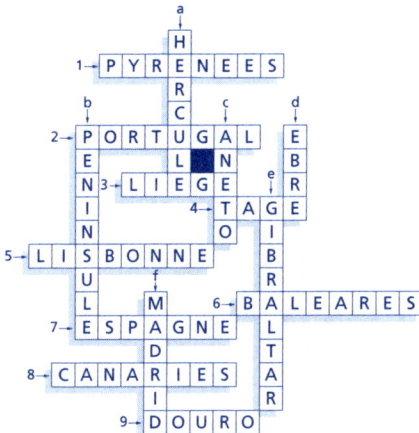

## ▶ La Grèce 68

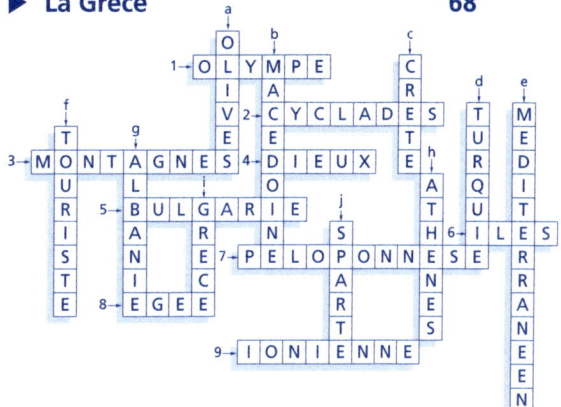

## ▶ Avez-vous la monnaie ? 70

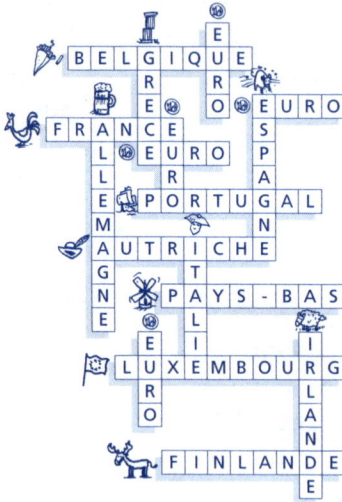

Crossword grid answers:
- BELGIQUE
- EURO
- FRANCE
- EURO
- PORTUGAL
- AUTRICHE
- PAYS-BAS
- LUXEMBOURG
- FINLANDE
- (vertical) ALLEMAGNE, GRECE, ESPAGNE, EURO, IRLANDE

## ▶ Un tour en France 74

Crossword grid answers:
- 1 BREST
- 2 FRANCE
- 3 LOIRE
- 4 SEINE
- 5 ORLEANS
- 6 SAONE
- 7 LYON
- 8 NICE
- 9 STRASBOURG
- (vertical) BORDEAUX, GARONNE, CRIQUEE, MANCHE

## JEUX-TESTS 72

### ▶ Pays d'Amérique du Sud

|   | A | B | C | D | E | F |
|---|---|---|---|---|---|---|
| 1 | F | R | A | N | C | E |
| 2 | L | O | I |   | A |   |
| 3 | E | U | R | O | P | E |
| 4 | U | T |   | N |   | G |
| 5 | V | E | S | U | V | E |
| 6 | E | S | T |   | U | E |

### ▶ Charades :
- Varsovie (Var - seau - vie).
- Méditerranée
  (mais - dit - terre - année).

## ▶ La population en France 76

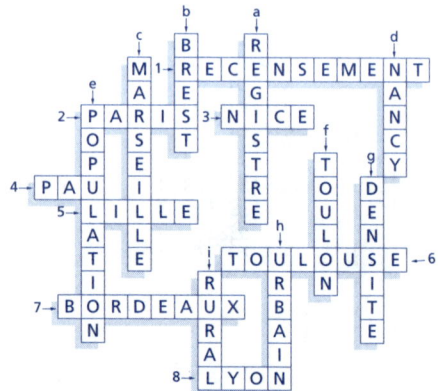

Crossword grid answers:
- 1 RECENSEMENT
- 2 PARIS
- 3 NICE
- 4 PAU
- 5 LILLE
- 6 TOULOUSE
- 7 BORDEAUX
- 8 LYON
- (vertical) MARSEILLE, BREGISTRE, RGGISTRE, NANCY, POPULATION, TOULON, DENSITE

## ▶ En haut de la montagne ! 78

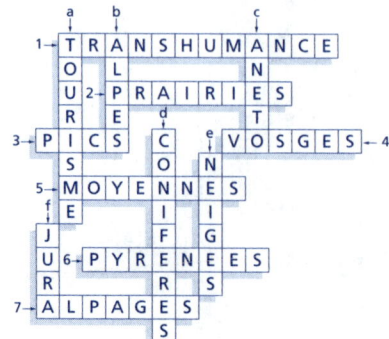

Crossword grid answers:
- 1 TRANSHUMANCE
- 2 PRAIRIES
- 3 PICS
- 4 VOSGES
- 5 MOYENNES
- 6 PYRENEES
- 7 ALPAGES
- (vertical) TOURISME, JURA, BLEREAU, CANTAL, CORNIFFERES, NEIGES

138

## ▶ Au bord de mer                    80

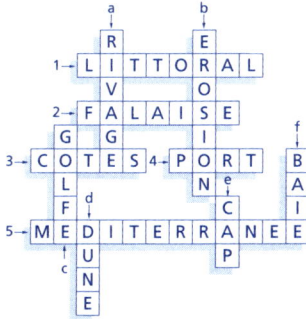

## ▶ Les régions françaises           82

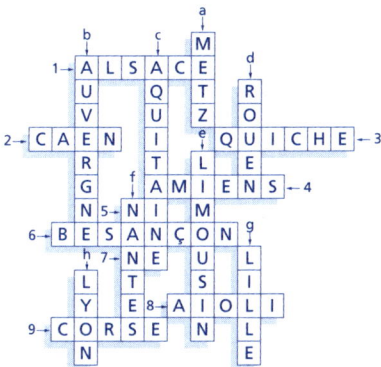

## ▶ La France dans le monde        84

## ▶ D'Europe en Afrique             86

## 🄹 🄴 🅄 🅇 - 🅃 🄴 🅂 🅃 🅂   88

▶ Villes françaises :
  Toulouse - Dijon
  Marseille - Paris
  Nantes - Rouen
  Nice - Orléans

▶ L'intrus : Vésuve.

▶ Chenille :

P¹ A² R³ I⁴ S⁵ E⁶ I⁷ N⁸ E⁹ I¹⁰ G¹¹ E¹² S¹³

## ▶ L'Afrique du Nord     90

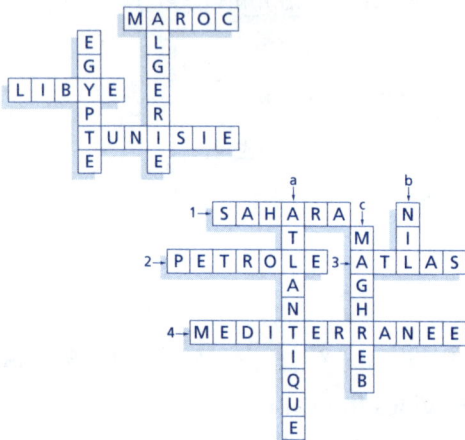

## ▶ L'Égypte     96

## ▶ Le Sahara     92

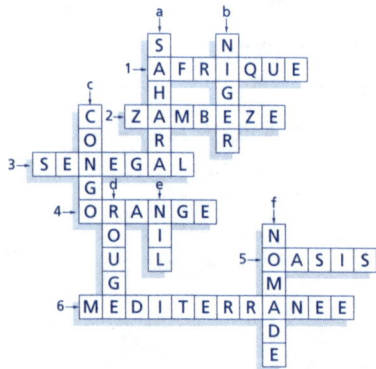

## ▶ L'Afrique Noire     98

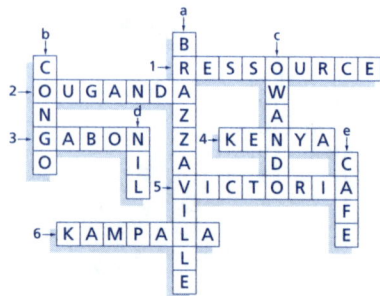

## ▶ La Côte d'Ivoire     94

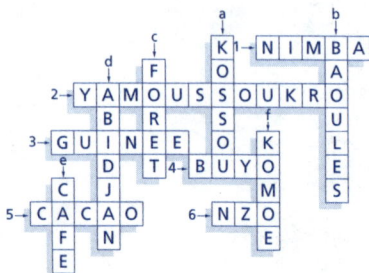

## ▶ Ça c'est du sport — 100

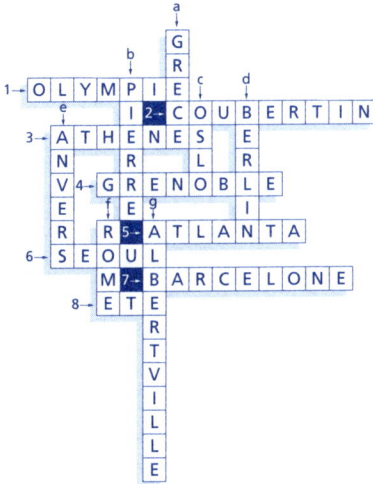

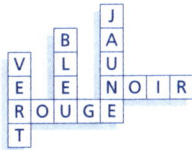

▶ PARIS
▶ SEOUL
▶ TOKYO

## J E U X - T E S T S 102

▶ Charade : c'est le Sahara
(sa - a - rat).

▶ Pays intrus : Chili.

▶ Pays d'Afrique à compléter :
Kenia, Rwanda, Somalie.

▶ Pays d'Afrique du Nord :
Maroc et Égypte.

## ▶ Le Moyen-Orient — 104

## ▶ La Turquie — 106

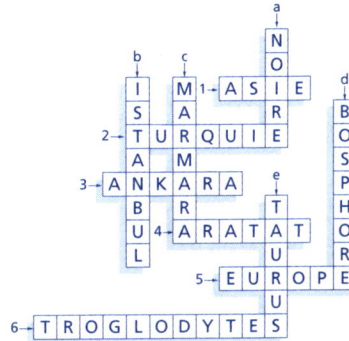

## ▶ Israël — 108

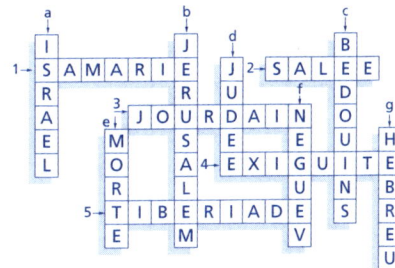

## ► Le Japon 110

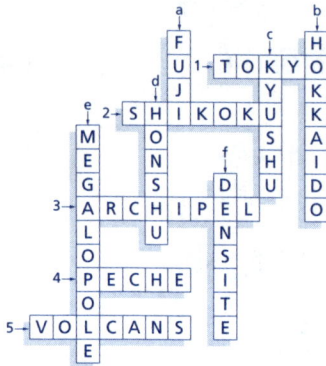

## ► La Chine 112

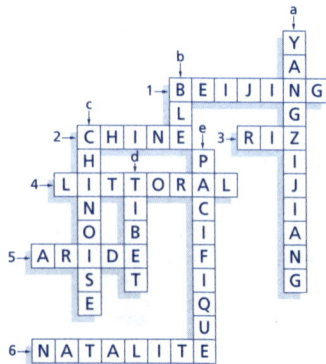

## ► L'Inde 114

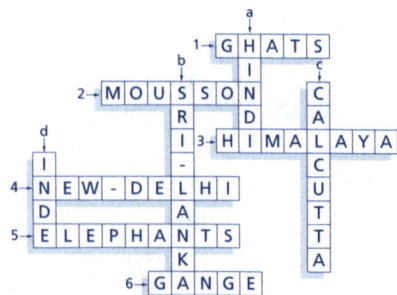

## ► La Russie 116

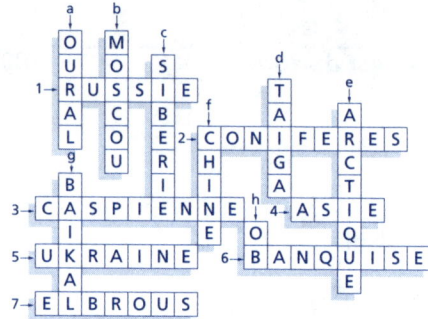

## ► Hissons les couleurs ! 118

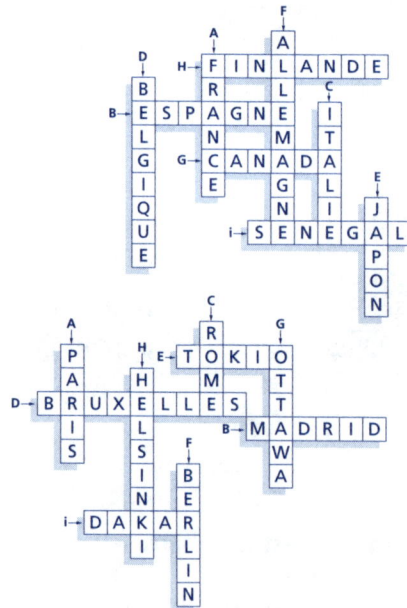

## 🅙 🅔 🅤 🅧 · 🅣 🅔 🅢 🅣 🅢 120

► 1. Iran
2. Japon
3. Turquie

► La grande muraille : en Chine.
Le Gange : en Inde.
Le mont Everest : au Népal.

Entre l'Asie et l'Afrique, on nage
dans la mer Rouge.

▶ **L'Australie** 122

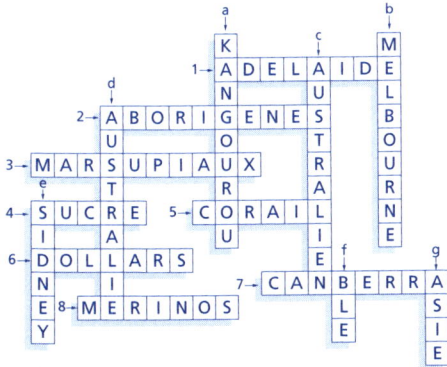

▶ **Ça va chauffer !** 128

▶ **La Nouvelle-Zélande** 124

**J E U X - T E S T S** 130

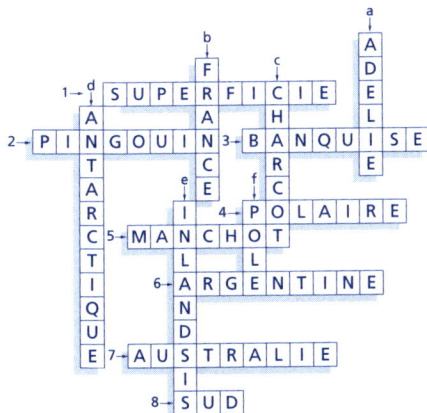

▶ Ville française : Rouen en Normandie.

▶ **L'Antarctique** 126

**DANGER**

**LE PHOTOCOPILLAGE TUE LE LIVRE**

**Illustrations :**
Ana Cajal, pp. 6 à 18 et 56 à 69 et 72, 88.
Michel Fayaud, pp. 20 à 30 et 32 à 36.
Jorg Mailliet, pp. 32, 38 à 55, 70-71 et 90 à 130.

**Conception et réalisation :** Studio Primart

**Suivi éditorial :** Marie Mathelier

**Corrections :** Cécile Edrei

Achevé d'imprimer en France, en Août 2002,
sur les presses de l'imprimerie France-Quercy.
N° d'éditeur : 910
N° d'imprimeur : 22001
N° de projet : 10097154 - (IV) - (8) - BSBP 80° - Dépôt légal : Septembre 2002